LA MANERA SIMPLE DE APRENDER INGLÉS

CARLES SOARES

Todos los derechos reservados.

Copyright © 2017 por Carles Soares

Ninguna parte de este libro puede reproducirse o transmitirse de ninguna forma ni por ningún medio, ya sea electrónico o mecánico, incluida la fotocopía, la grabación o cualquier sistema de almacenamiento y recuperación de información, sin el permiso por escrito del editor.

BC
BAD CREATIV3

Esta edición contiene el texto completo

de la edición original de tapa dura.

NINGUNA PALABRA HA SIDO OMITIDA.

LA MANERA SIMPLE DE APRENDER INGLÉS

Un libro de Bad Creative / publicado por

acuerdo con el autor

HISTORIA DE PUBLICACIÓN BAD CREATIVE

The Simple Way To Learn French publicado en marzo de 2016

The Simple Way To Learn French 2, publicado en marzo de 2017

SIGUIENTE TRABAJO

The Simple Way To Learn Italian, 2018

ISBN-13: 978-1981139316 ISBN-10: 1981139311

Vol. 1   Vol. 2

TAMBIÉN DISPONIBLE EN FORMATOS:
- AUDIO
- HARDCOVER
- LIBRO ELECTRONICO

Para actualizaciones sobre el próximo libro, o si simplemente desea discutir este, vea

Datos de contacto

SOCIAL

#TheSimplestWay #AprenderInglés #BadCreativ3

CONTENIDOS

Capítulo 1 - Básicos
Capítulo 2 - Comida
Capítulo 3 - Animales
Capítulo 4 - Posesivos
Capítulo 5 - Ropa
Capítulo 6 - Preguntas
Capítulo 7 - Verbos Infinitivos
 Verbos - Presente
 Verbos - Participio presente
 Verbos - Pasado

 Verbos - Pasado perfecto

Capítulo 8 - Familia

Capítulo 9 - Determinantes
Capítulo 10 - Adverbios
Capítulo 11 - Objetos
Capítulo 12 - Lugares
Capítulo 13 - Gente
Capítulo 14 - Casa
Capítulo 15 - Ocupación
Capítulo 16 – Fechas y Tiempo
Capítulo 17 - Adjetivos
Capítulo 18 - Números
Capítulo 19 - Países
Capítulo 20 - Pronombres
Capítulo 21 - Direcciones
Capítulo 22 - Educación
Capítulo 23 - Naturaleza
Capítulo 21 - Flirteador

Datos de contacto

PREFACIO

Mientras estamos en la escuela, aprendemos cosas que probablemente no usemos hoy. Sin embargo, el lenguaje es esencial para casi todos los aspectos de la condición humana.

¿Cómo expandes tu negocio más allá de tu continente para obtener más ventas? ¿Cómo vas a expresar tu amor por esa hermosa Lolita? ¿Cómo se obtiene la dirección para ver una corrida de toros en Las Ventas? Con el conocimiento del lenguaje, así es como.

Este libro contiene un léxico de algunas de las palabras más usadas en la conversación diaria en español. Utiliza las técnicas comprobadas de repetición y memorización, en un intento de preparar al cerebro para aprender español lo más rápido posible. Además, se ha incluido una función auxiliar llamada modo historia para ayudar al lector en una prueba de comprensión.

Finalmente, debe tenerse en cuenta que, aunque este libro ayudará en el reconocimiento visual y la comprensión de las palabras en el idioma español, los estudiantes también deben tener una comprensión de sus pronunciaciones apropiadas. Para ayudar con esto, hay un audiolibro de acompañamiento que estará disponible, con el fin de habilitar las clases de escucha.

Y así, desde la hermosa ciudad de Madrid, la ciudad del amor y las cosas de moda, te presentamos, *La Manera Simple De Aprender Inglés.*

COMO USAR ESTE LIBRO

1. Esta línea es la línea de entrenamiento (o T-Line si lo prefiere)

TIEMPO DE ENTRENAMIENTO

Esto representa el final de un conjunto de 25 palabras para memorizar.

1. Se requiere que cubra el lado derecho del libro e intente traducir el lado izquierdo manualmente.
2. Cada traducción correcta tiene 1 punto. Las palabras después de la línea T que no son hasta 25, se pueden considerar como bonificaciones.
3. No pases al siguiente lote hasta que hayas anotado veinticinco puntos.
4. Los modos de historia están diseñados para ayudarlo a comprender el uso de palabras en oraciones, así que asegúrese de obtener un puntaje alto en el entrenamiento para comprender completamente las historias.

Ahora que sabes las reglas,

Empecemos.

Capítulo I
BÁSICOS

Palabras claves: I, is, I am, me, he, she, woman, man, a boy, girls, drink, how, water, apples, milk, bread, child, goodbye, nothing, hello, feel, yes, no, please, English, Spanish, speak, nights, thanks, liked, days, women, they, the, children, book, letter, write, person, newspapers, came, we, are, you, read.

El niño	The boy
El pan	The bread
El agua	The water
El hombre	The man
El hombre, La mujer	The man, the woman
El niño, la niña	The boy, the girl
La niña	The girl
La mujer	The woman
La manzana	The apple
La leche	The milk
Una niña	A girl
Yo soy un niño	I am a boy
Yo soy un hombre	I am a man
Yo soy una niña	I am a girl
Es una manzana	It is an apple
Usted es un niño	You are a boy
El es un niño	He is a boy
Él come	He eats
Ella es una niña	She is a girl
Tu eres una niña	You are a girl
Ella come manzanas	She eats apples
Usted come manzanas	You eat apples
Tu eres una mujer	You are a woman
Tu comes manzanas	You eat apples
La niña bebe agua	The girl drinks water

TIEMPO DE ENTRENAMIENTO

¡Buenos días!	Good Morning!
Hola, buenos dias	Hello, Good morning
Hola, disculpe	Hello, excuse me
Buenas noches	Good night
Yo como manzanas, tu comes pan	I eat apples, you eat bread
Es pan	It is bread
Es agua	It is water
Yo como manzanas	I eat apples
Es un gustó	It is a pleasure
Hola, soy Martina	Hi, I am Martina
Gracias Andres	Thanks Andres
Hola, soy Alberto	Hello, I am Alberto
Adiós, buenas noches	Bye, good night
Gracias, Adiós	Thanks, bye
Adios, Sergio	Goodbye, Sergio
Mucho gustó	Nice to meet you
Si, hola	Yes, hello
Perdon	Pardon
No, gracias	No, thanks
Lo siento	I am sorry
No, nada	No, nothing
Sí, ella es Martina	Yes, she is Martina
Un favor	A favor
Tu no bebes	You do not drink
Yo no soy una niña	I am not a girl

TIEMPO DE ENTRENAMIENTO

¿Eres Inglés?	Are you English?
Tu no hablas Español	You do not speak Spanish
Yo no habló Español	I do not speak Spanish
Alberto no es Inglés	Alberto is not English
Soy Dani, habló Inglés	I am Dani, I speak English
Sí, discúlpe	Yes, excuse me
Un hombre Español	A Spanish man
Soy Martina, habló Español	I am Martina, I speak Spanish

¿Hablas inglés?	Do you speak English?
Gracias, disculpe	Thank you, excuse me
¿Son manzanas?	Are they apples?
El, ella, nosotros	He, she, us
Nosotros bebemos agua	We drink water
¿Son hombres?	Are they men?
Nosotros bebemos leche	We drink milk
Somos hombres	We are men
Ustedes son hombres	You are men
¿Son mujeres?	Are they women?
Nosotras somos mujeres	We are women
¿Bebemos leche?	Do we drink milk?
Las	The
Ellos	They
Ellas son mujeres	They are women
Nosotras, ellas	We, they
Ellas, son niñas	They are girls

TIEMPO DE ENTRENAMIENTO

Niños	Children
El vino	The wine
El diario	The newspaper
La carta	The letter
Los libros	The book
Nosotros somos niños	We are children
Ustedes son niñas	You all are girls
Ellos son hombres	They are men
¿Son hombres?	Are they men?
Ellas son niñas	They are girls
Yo escribo un libro	I write a book
Tu escribes una carta	You write a letter
Usted escribe	You write
Nosotros escribimos	We write
Yo escribos cartas	I write letters
El escribe libros	He writes books

El niño escribe una carta	The boy writes a letter
Yo leo el diario	I read the newspaper
Ellos escriben	They write
Ellos leen un libro	They read a book
Yo soy una persona	I am a person
Tu lees un libro	You read a book
Nosotras leemos el diario	We read the newspaper
Él lee un libro	He reads a book
Dani es una persona	Dani is a person

TIEMPO DE ENTRENAMIENTO

Martina escribe, Sergio lee	Martina writes, Sergio reads
Alberto lee un libro	Alberto reads a book
Buenos días, ¿cómo estás?	Good morning, how are you?
Yo soy una niña, yo bebo leche	I am a girl, I drink milk
Tu bebes agua	You drink water
¿Por qué dije eso?	Why did i say that?
No queremos un enemigo	We do not want an enemy
Ella preguntó y respondio	She asked and answered
Yo no puedo comer pescado	I cannot eat fish
¿Quién gana?	Who wins?
¿Cómo hago una página?	How do I create a page?
Me tengo que despertar a las seis	I have to wake up at six
Vamos a establecer las reglas	We are going to establish the rules
El lo llamó	He called you
Yo me quede en la casa	I stayed at the house
Es dar y recibir	It is give and take
Yo lleno la botella con agua	I fill up the bottle with water

Lo hacemos	We do it
Lo hago	I make it
Lo oigo	I hear it
A ellas las quiero mucho	I love them a lot
Ella los ayuda	She helps them
Yo no veo esos	I do not see them
Mi hermano los busca	My brother looks for them
Yo los conozco	I know them

TIEMPO DE ENTRENAMIENTO

El origen	The origin
El oficial	The official
El caracter	The character
La importancia	The importance
El control	The control
El exito	The success
El crecimiento	The growth
El aspecto	The aspect
La mirada	The look
La ocasion	The occasion
La expresion	The expression
La conciencia	The conscience
La construcción	The construction
La vision	The vision
La red	The network
El juicio	The trial
La selección	The selection
La creación	The creation
El peligro	The danger
La altura	The height
La escena	The scene
De verdad?	Really?
Yo los veo en el restaurante	I see them in the restaurant
Los oigo a ellos	I hear them
Yo las respeto a ellas	I respect them

TIEMPO DE ENTRENAMIENTO

Buena suerte	Good luck
Acción	Action
El grupo	The group
El nombre	The name
El hijo se parece al padre	The son resembles the father
Ellos se llevan a sus hijos	They take away his children
El se quiere	He loves himself
Ella no se quiere	She doesn't love herself
Estamos en tiempos de cambio	We are in times of change
Ella alcanzo su objetivo	She reached her objective
El origen de los bancos	The origin of the banks
Non me gustaron sus acciónes	I did not like her actions
Mi nombre es David	My name is David
Si, es verdad	Yes, it is true
La producción es cara	The production is expensive
Vi la imagen	I looked at the image
Tenemos mas tiempo para actividades	We have more time for activities
Solo tenemos dos posibilidades	We have only two possibilities
Este libro tiene muchas imagines	This book has a lot of images
¿Qué programa vieron ayer?	Which program did they watch yesterday?
Tenemos muchas necesidades	We have many needs
¿Cuál de los programas de televisión te gusta más?	Which of the television programs do you like more?
Es un buen codigo	It is a good code

TIEMPO DE ENTRENAMIENTO

Tamaño	Size
Enorme	Huge
Cortas	Short
Pequeño	Small
Altas	Tall
Los hombres son bajos	The men are short
Son mujeres altas	The women are tall
Quiero un gran elefante	I want a big elephant
El libro es pequeño	The book is small
Es un oso enorme	It is a huge bear
Es hora de establecer nuevas reglas	It is time to establish new rules
Juan no le habla a ella	Juan does not speak to her
Usted nos culpa	You blame us
Ella y yo nos queremos	She and i love each other
Weeks	Semanas
Nos vemos la próxima semana	See you next week
Yo les leo un libro	I read you a book
Nosotras les leemos un diario	We read them a newspaper
No lo se	I do not know
A ella la quiero mucho	I love her a lot
Lo tengo	I have it
Yo la veo	I see her
No lo necesito	I dont need it
Yo la conozco	I know her
Estas circunstancias son buenas	These circumstances are good

MODO HISTORIA

ENGLISH

Lola: "Okay, I'm ready to party with the beautiful boys and girls of Ibiza. We leave tomorrow."

Martina: "Have you packed everything you need?"

Lola: "Yes, I have."

Martina: "How long will you be away for?"

Lola: "About three to four months."

Martina: "What's in this bag?"

Lola: "Not much. Some clothes, water and a computer."

Martina: "Have you thought of other things that will be necessary once you arrive?"

Lola: "Like what?"

Martina: "Things like a place to stay, where to eat, places to visit."

Lola: "No, not really."

Martina: "If you have not already booked a place, you can still get a room in the St.Christopher's hostel. It is affordable and they serve fresh milk with breakfast.

For food and drinks, you can visit La Paloma, a nice place on the island. They also have a garden where you can sit, eat bread, and drink some wine with men and women.

At night, you should also visit Cala Benias. There is always a crowd of happy people on the beach, looking for a good time.

And finally, to buy items, you can go to Las Dalias market. It opens on Saturdays, but most merchants speak Spanish. I wonder how you will cope?"

Lola: "I can read some Spanish. Once there, I can pick up the language too, I think."

Martina: "Will your sister go with you?"

Lola: "Yes, she will. We will write a book together."

Martina: "And your father?"

Lola: "No, he'll be home reading the papers."

Martina: "All right, please bring some memories when you get back, thank you."

Lola: "Do not worry, I'll even send you a letter regularly, to keep you updated."

Martina: "Thank you, I would appreciate it."

Lola: "You're welcome."

1 2 3 4 5 6 7 8 9
10 11 12 13 14 15
16 **17 18** 19 20 21
22 23 24 25 26
27 28 29 30 31

ESPAÑA

Lola: "Bien, estoy lista para festejar con los hermosos niños y niñas de Ibiza. Nos vamos mañana."

Martina: "¿Has empacado todo lo que necesitas?"

Lola: "Sí, lo hice."

Martina: "¿Cuánto tiempo estarás ausente?"

Lola: "Unos tres o cuatro meses."

Martina: "¿Qué hay en esta bolsa?"

Lola: "No mucho. Un poco de ropa, agua y una computadora."

Martina: "¿Has pensado en otras cosas que serán necesarias una vez que llegues?"

Lola: "¿Cómo qué?"

Martina: "Cosas como un lugar para quedarse, dónde comer, lugares para visitar."

Lola: "No, en realidad no."

Martina: "Si aún no has reservado un lugar, todavía puedes conseguir una habitación en el albergue St.Christopher's. Es asequible y sirven leche fresca con el desayuno.

Para comida y bebida, puede visitar La Paloma, un lugar agradable en la isla. También tienen un jardín donde te puedes sentar, comer pan y beber vino con hombres y mujeres.

Por la noche, también debes visitar Cala Benias. Siempre hay una multitud de personas felices en la playa, que buscan un buen momento.

Y finalmente, para comprar artículos, puede ir al mercado de Las Dalias. Abre los sábados, pero la mayoría de los comerciantes hablan español. Me pregunto cómo te las arreglarás?"

Lola: "Puedo leer algo de español. Una vez allí, también puedo aprender el idioma."

Martina: "¿Te acompañará tu hermana?"

Lola: "Sí, lo hará. Escribiremos un libro juntos."

Martina: "¿Y tu padre?"

Lola: "No, él estará en casa leyendo los periódicos."

Martina: "Está bien, trae algunos recuerdos cuando vuelvas, gracias."

Lola: "No te preocupes, incluso te enviaré una carta regularmente para mantenerte actualizado."

Martina: "Gracias, lo agradecería."

Lola: "De nada."

ABCDEFGHI JKLMNOPQR STUVWXYZ

Capítulo 2

COMIDA

Palabras claves: Food, eat, meat, fruit, pasta, tomato, fish, chicken, rice, soup, orange, lemon, vegetables, salt, tea, beer, onion, sauce, strawberry, lunch, cheese, egg, juice, sugar, mushrooms, salad, carrots, banana, pineapple, cake, corn, grapes, ice, tuna, pepper, butter, oil, garlic.

La pasta	Pasta
El arroz	Rice
La fruta	Fruit
La sopa	The soup
El menu	The menu
La cerveza	The beer
La azúcar	The sugar
La sal	The salt
El pescado	The fish
La fresa	The strawberry
Los vegetales	Vegetables
La papa	The potato
El limón	The lemon
La salsa	The sauce
La cebolla	The onion
La cena	The dinner
El huevo	The egg
El queso	The cheese
El pollo	The chicken
El tomate	The tomato
La naranja	The orange
Nosotros comemos pescado	We eat fish
Yo cocino el arroz	I cook the rice
Los niños comen manzanas	The boys eat apples
No, Sonia no come pescado	No, Sonia does not eat fish

TIEMPO DE ENTRENAMIENTO

Alberto no come arroz, come pescado	Alberto does not eat rice, he eats fish
No, Virginia no come pescado	No, Virginia does not eat fish
Victoria come arroz	Victoria eats rice
Leche, pollo, pescado	Milk, egg, fish
Yo cocino pescado	I cook fish
La naranja es un fruta	The orange is a fruit
Dani come fruta	Dani eats fruit
No, Sergio no bebe vino, el bebe jugo	No, Sergio does not drink wine, he drinks juice
Es un tomate	It is a tomato
Yo como pasta	I eat pasta
Yo cocino pasta	I cook pasta
Si, es jugo	Yes, it is juice
Las niñas comen fruta	The girls eat fruit
Nosotros bebemos jugo	We drink juice
Si, el tomate	Yes, the tomato
La naranja, la manzana	The orange, the apple
No cocino pasta, cocino arroz	I do not cook pasta, I cook rice
La niña come fresas	The girl eats strawberries
No, no es una fresa, es un tomate	No, it is not a strawberry, it is a tomato
Clarisse no come fresas	Clarisse does not eat strawberries
Alberto no come salsa	Alberto does not eat sauce
Una fresa, una manzana, una fruta	A strawberry, an apple, a fruit
El niño come fresas	The boy eats strawberries
Nosotros comemos fresas	We eat strawberries

TIEMPO DE ENTRENAMIENTO

No, Sergio no es vegetariano	No, Sergio is not vegetarian
Yo como emparedados	I eat sandwiches
Te, agua, azúcar	Tea, water, sugar
Sí, Martina es vegetariana	Yes, Martina is vegetarian
Es un emparedado	It is a sandwich
¿Los vegetarianos beben cerveza?	Do vegetarians drink beer?
Martina es un vegetariana, ella no come pescado	Martina is a vegetarian, she does not eat fish
Ustedes comen emparedados	You eat sandwiches
Soy vegetariano, no como pollo	I am vegetarian, I don't eat chicken
Es sopa	It is soup
Es un limón	It is a lemon
Es la comida	It is the food
El tomate, el papa, el queso	The tomato, the potato, the cheese
Yo cocino pescado	I cook fish
Tomate, cebolla, sopa	Tomato, onion, soup
El huevo, el queso	The egg, the cheese
Yo cocino carne	I cook meat
El almuerzo	The lunch
Yo almuerzo	I eat lunch
Yo como carne	I eat meat
Pescado, carne, pollo	Fish, meat, chicken
Huevo, pollo, arroz	Egg, chicken, rice
La salsa, el tomate, la cebolla	The sauce, the tomato, the onion
Una zanahoria y una manzana	A carrot and an apple
La sopa es para Pedro	The soup is for Pedro

TIEMPO DE ENTRENAMIENTO

Yo no quiero lechuga	I do not want lettuce
No quiero lechuga en mi ensalada	I do not want lettuce in my salad
Sí, los hongos son rojos	Yes, the mushrooms are red
Ella bebe agua o leche	She drinks water or milk
La zanahoria, las zanahorias	The carrot, the carrots
Las ensaladas, los hongos, las zanahorias	The salads, the mushrooms, the carrots
Alberto come hongos	Alberto eats mushrooms
Andres come ensalada y bebe agua	Andres eats salad and drinks water
Nosotras somos Angela y Martina	We are Angela and Martina
Silvia y Martina son vegetarianos	Silvia and Martina are vegetarians
Dani y yo comemos carne	Dani and i eat meat
Sergio y yo no bebemos cerveza	Sergio and i do not drink beer
Quieros hongos en mi ensalada	I want mushrooms in my salad
Si, es ensalada	Yes, it is salad
La uva que quiero es roja	The grape that i want is red
¿Y las piñas?	And the pineapples?
Ella come un banano	She eats a banana
Los pasteles	The cakes
¿Necesitas más maíz?	Do you need more corn?
Yo bebo cuándo yo quiero	I drink when I want
Si no cocino, no como	If I do not cook, I do not eat
El pastel blanco es mío	The white cake is mine
Nuestras uvas	Our grapes
¿Es una piña?	Is it a pineapple?
Quiero más plátanos	I want more bananas

TIEMPO DE ENTRENAMIENTO

No, no son uvas	No, they are not grapes
Nosotros comemos piñas	We eat pineapples
Yo quiero un banano	I want a banana
Las piñas son nuestras	The pineapples are ours
Ella come un banano	She is eating one banana
Quiero atún en mi ensalada	I want tuna in my salad
Yo como porque tu comes	I eat because you eat
El pavo no es nuestro	The turkey is not ours
¿Necesitas más hielo?	Do you need more ice?
No como pasta	I do not eat pasta
Habló mientras como	I speak while I eat
Atún, carne y pollo	Tuna, meat and chicken
No quiero pavo, gracias	I do not want turkey, thanks
Leo un menú mientras como	I read a menu while I eat
Es hielo, no azúcar	It is ice, not sugar
La mantequilla y el aceite	The butter and the oil
Con lechuga y pollo	With lettuce and chicken
¿Comes pimienta?	Do you eat pepper?
Quiero pasta sin queso	I want pasta without cheese
Yo no como ajo	I do not eat garlic
Ella bebe vino aunque no bebe cerveza	She drinks wine even though she does not drink beer
Alejandro come arroz con queso	Alejandro eats rice with cheese
El aceite es amarillo	The oil is yellow
Aceite y sal	Oil and salt
Es aceite	It is oil

TIEMPO DE ENTRENAMIENTO

MODO HISTORIA

ENGLISH

Andres: "What do we eat for breakfast?"

Gabriella: "Carrot cake."

Andres: "Is it a salad?"

Gabriella: "No, it's a real cake. It's made with carrots."

Andres: "It looks delicious. I would like to eat cake made with bananas, oranges, strawberries, or even pineapples too. What about lunch?"

Gabriella: "Rice and tuna dipped in garlic sauce."

Andres: "No, I do not want to eat that. What other food do you have in your refrigerator?"

Gabriella: "Nothing much, just some tomatoes, fish, chicken, cheese, onions and some eggs. I also need to go grocery shopping for some items."

ESPAÑA

Andres: "¿Qué comemos para el desayuno?"

Gabriella: "Pastel de zanahoria."

Andres: "¿Es una ensalada?"

Gabriella: "No, es un verdadero pastel. Está hecho con zanahorias."

Andres: "Parece delicioso. Me gustaría comer un pastel hecho con plátanos, naranjas, fresas o incluso piñas también. ¿Qué tal el almuerzo?"

Gabriella: "Arroz y atún bañados en salsa de ajo."

Andres: "No, no quiero comer eso. ¿Qué otro alimento tienes en tu refrigerador?"

Gabriella: "No mucho, solo tomates, pescado, pollo, queso, cebollas y algunos huevos. También necesito ir de compras para algunos artículos."

Gabriella: "Tenemos cerveza y té helado."

Andres: "Está bien, en ese caso, vendré pronto."

Capítulo 3

ANIMALES

Palabras claves: Turtle, horses, elephant, cat, dog, duck, bird, crab, penguin, animal, animal, bear, spider, pig, lion, mouse, rabbit, bull, monkey.

El cangrejo	The crab
El caballo	The horse
El pájaro	The bird
Las tortugas	The turtle
El perro	The dog
El gato	The cat
El elefante	The elephant
El pato	The duck
El toro	The bull
El raton	The rat
La arañas	The spider
El oso	The bear
El conejo	The rabbit
El cerdo	The pig
El mono	The monkey
El pinguino	The penguin
Los animales	The animals
Si, los perros	Yes, the dogs
¿Es un gato?	Is it a cat?
No Andrea, no son gatos	No Andrea, they are not cats
Si, somos gatos	Yes, we are cats
Es un caballo	It is a horse
Es un mono	It is a monkey
Soy un caballo	I am a horse
Soy un gato, yo bebo leche	I am a cat, I drink milk

TIEMPO DE ENTRENAMIENTO

¿Son gatos?	Are they cats?
Sí, son elefantes	Yes, they are elephants
Juan es una tortuga	Juan is a turtle

Alberto es un pato	Alberto is a duck
Fernando es un elefante	Fernando is an elephant
Los elefantes beben agua	The elephants drink water
Somos tortugas	We are turtles
Son cangrejos, no arañas	They are crabs, not spiders
Un oso es un animal	A bear is an animal
Los pájaros	The birds
El cangrejo come tortugas	The crab eats turtles
Animales, pájaros, osos	Animals, birds, bears
Alberto come arañas	Alberto eats spiders
Antonio es un oso	Antonio is a bear
Tortugas, cangrejos, arañas	Turtles, crabs, spiders
El pájaro come cangrejos	The bird eats crabs
Son arañas	They are spiders
El león come monos	The lion eats monkeys
Los pingüinos, el pájaro	The penguins, the bird
Son cerdos	They are pigs
Los toros, los caballos	The bulls, the horses
El oso come conejos	The bear eats rabbits
Lionel es un león	Lionel is a lion
Juan es un toro	Juan is a bull
Clarisse come un conejo	Clarisse eats a rabbit

TIEMPO DE ENTRENAMIENTO

Martina es un conejo	Martina is a rabbit
Lionel come como un león	Lionel eats like a lion
Sí, el gato come patos	Yes, the cat eats ducks
Un cerdo bebe leche	A pig drinks milk

MODO HISTORIA

ENGLISH

Clarisse: "Thanks for bringing me to the zoo. There are so many animals here. I can see lions, horses, elephants, monkeys, bears, rabbits and birds."

Alberto: "Look over there! That's a giant spider. Its called the tarantula. And in the water, there are big turtles, ducks, crabs, and dolphins."

Clarisse: "Are there penguins too?"

Alberto: "I doubt that. The penguin is an arctic animal; and so it is more likely to be found in icy regions."

Clarisse: "You know a lot about animals, do you have a pet?"

Alberto: "I used to, but I no longer do. I had a mouse once, and then a pig, but my sister ate it. Then there was a dog who liked to chase after the neighbor's cat, but it got sick and died after I had gone on a trip."

Clarisse: "Which animals are your favorite?"

Alberto: "The animals I like best are the ones I can eat or drink from, especially chickens and cows. The ones I hate most are snakes and bees."

ESPAÑA

Clarisse: "Gracias por traerme al zoológico. Hay muchos animales aquí. Puedo ver leones, caballos, elefantes, monos, osos, conejos y pájaros."

Alberto: "¡Mira por allá! Esa es una araña gigante. Se llama tarántula. Y en el agua, hay grandes tortugas, patos, cangrejos y delfines."

Clarisse: "¿Hay pingüinos también?"

Alberto: "Dudo que. El pingüino es un animal ártico; y es más probable que se encuentre en regiones heladas."

Clarisse: "Sabes mucho sobre animales, ¿tienes una mascota?"

Alberto: "Solía hacerlo, pero ya no lo hago. Tuve un ratón una vez, y luego un cerdo, pero mi hermana se lo comió. Luego había un perro al que le gustaba perseguir al gato del vecino, pero se enfermó y murió después de que me fui de viaje."

Clarisse: "¿Qué animales son tus favoritos?"

Alberto: "Los animales que más me gustan son los que puedo comer o beber, especialmente los pollos y las vacas. Los que más odio son las serpientes y las abejas."

Capítulo 4

POSESIVOS

Palabras claves: Me, your, my, our, mine.

La mama	The mother
El papa	The father
El dinero	The money
El baño	The toilet
No Sergio, el niño no es mío	No Sergio, the boy is not mine
No David, no es mío	No David, it is not mine
No Andres, la niña no es mia	No Andres, the girl is not mine
Sí Maria, el vino es mío	Yes Maria, the wine is mine
¿Es suyo?	Is it yours?
Tu patos bebe agua	Your duck drinks water
Tus animals comen más carne	Your animals eat more meat
Yo leo sus cartas	I read her letters
Su desayuno es una manzana	His breakfast is an apple
Mis manzanas	My apples
Mi papa bebe vino	My dad drinks wine
Mi papa come pasta	My dad eats pasta
Mi papa come verduras	My dad eats vegetables
El es mi papa	He is my dad
Mi oso, mi raton, mi conejo	My bear, my mouse, my rabbit
Mi perro, mi gato, mis animales	My dog, my cat, my animals
Mi gato bebe leche	My cat drinks milk
Mis gatos beben leche	My cats drink milk
Nuestros perros beben leche	Our dogs drink milk
Nuestro diario	Our newspaper
La comida es nuestra	The food is ours

TIEMPO DE ENTRENAMIENTO

El polvo	The powder
Las manzanas es nuestras	The apples are ours
Sí, el dinero es mío	Yes, the money is mine
Quiero mi pan	I want my bread
No quiero tu dinero	I do not want your money
Nuestra fruta	Our fruit
Nuestra gata come pescado	Our cat eats fish
Ellas leen nuestras libros	They read our books
Ellas leen nuestras cartas	They read our letters
¿Es tu baño?	Is it your bathroom?
¿Necesitas más dinero?	Do you need more money?
Necesito más agua	I need more water
¿Necesitas un favor?	Do you need a favor?
Escribe mas libros	Write more books
El gato duerme entre los perros	The cat sleeps between the dogs
Sus empleados escriben	Her employees write
Pan con mantequilla	Bread with butter
Yo cocino y tu comes	I cook and you eat
El duerme mientras yo cocino	He sleeps while i cook
Los siguientes libros	The following books
Ella va al almuerzo	She is going to lunch
No somos hermanos	We are not brothers
Eres un animal	You are an animal
Usted puede partir el emparedado	You can cut the sandwich
Ella come ensalada con aceite	She eats salad with oil

TIEMPO DE ENTRENAMIENTO

MODO HISTORIA

ENGLISH

"The dress is similar to mine." said Miss Alessia.

"Most of the dresses in our store are similar with just a few small differences. Just look, this one has red ribbons, while yours is blue." Mr. Laurent replied.

"Look at that man, for example, he also bought something similar for his daughter, but it comes with a pocket."

"I see. You're right." said Miss Alessia.

ESPAÑA

"El vestido es similar al mío." Dijo la señorita Alessia.

"La mayoría de los vestidos en nuestra tienda son similares con solo algunas pequeñas diferencias. Solo mira, este tiene cintas rojas, mientras que el tuyo es azul." Sr. Laurent respondió.

"Mira a ese hombre, por ejemplo, también compró algo similar para su hija, pero viene con un bolsillo."

"Ya veo. Tienes razón." dijo la señorita Alessia.

Capítulo 5
ROPA

Palabras claves: Shoes, hat, belt, suit, dress, pants, skirt, shirt, boots, sweater, jacket, clothes, coat, glasses, tie, sock, hat.

El pantalon	Pants
La corbata	The tie
La mirada	The look
El sombrero	The hat
El sombrero es purpura	The hat is purple
Mis sombreros	My hats
El vestido	The dress
La ropa	The clothes
Mi chaqueta es marron	My jacket is brown
Necesito mis calcetines rosas	I need my pink socks
Mi corbata es naranja	My tie is orange
Su traje	His suit
No, mis gafas no son blancas	No, my glasses are not white
Las botas son naranjas	The boots are orange
El abrigo	The coat
Mi traje	My suit
La bota	The boot
El cinturón	The belt
Los calcetines	The socks
Tu falda es blanca	Your skirt is white
Tu zapato	Your shoe
Sí, el calcetín es verde	Yes, the sock is green
Tus camisas son negras	Your shirts are black
El cinturón es mío	The belt is mine
Si, son mis botas	Yes, they are my boots

TIEMPO DE ENTRENAMIENTO

Los vestidos son azules	The dresses are blue
Un zapato azul	A blue shoe
Nuestras vestidos	Our dresses
Las botas, los zapatos	The boots, the shoes

Mis cinturones son negros	My belts are black
La bota es negra	The boot is black
Las faldas son verdes	The skirts are green
Es una falda	It is a skirt
Sus faldas son rojas	Her skirts are red
Nuestras camisas	Our shirts
Necesitas una falda blanca	You need a white skirt
El vestido es suyo	The dress is his
El libro es negro	The book is black
El come carne roja	He eats red meat
El calcetín, los calcetines	The sock, the socks
Tus abrigos	Your coats
Mis faldas son grises	My skirts are gray
Las chaquetas son rojas	The jackets are red
Necesito mi chaqueta gris	I need my grey jacket
Mi zapato	My shoe
Necesita mi suéter café	I need my brown sweater
El color verde	The color green
Los colores son azul, amarillo, verde	The colors are blue, yellow, green
Nuestro coche es verde	Our car is green

TIEMPO DE ENTRENAMIENTO

Reales	Real
Ella habló de sus deseos	She spoke about her desires
Este es el último paso	This is the last step
Yo se su dirección	I know her address
La ciudad está en el sur	The city is in the south
Vivo en el norte	I live up north
Ella les cocina a ustedes	She cooks for you

MODO HISTORIA

ENGLISH

Niko: "Those shoes are very nice. They look expensive."

Lola: "They are. I needed new clothes, so I went shopping today."

Niko: "That's great. What else did you buy?"

Lola: "First, I bought a new suit for the job, and then the yellow belt I had been looking for since last summer. Then I bought some pants, a white dress and a coat for my mother, and a pair of shirts for my Dad. Then, just when I was about to leave, I saw the boots under a pair of skirts and I decided to get them for you, along with a sweater."

Niko: "Thank you very much, I appreciate it."

"It's very windy today." said Miss Alessia, as they left the mall.

"That is a sign that the summer is ending." replied Mr. Laurent.

"I wish I had got a jacket and a pair of socks."

"I think I have some socks in my bag. Let me see." said Mr. Laurent.

"Do not worry, I can buy one at that other clothing store, I can see some good glasses for sale at the window, they also have good ties, come on, let's have a look!"

ESPAÑA

Niko: "Esos zapatos son muy bonitos. Se ven costosos."

Lola: "Lo son. Necesitaba ropa nueva, así que fui de compras hoy."

Niko: "Eso es genial. ¿Qué más compraste?"

Lola: "Primero, compré un traje nuevo para el trabajo y luego el cinturón amarillo que había estado buscando desde el verano pasado. Luego compré unos pantalones, un vestido blanco y un abrigo para mi madre, y un par de camisas para mi papá. Entonces, justo cuando estaba por irme, vi las botas debajo de un par de faldas y decidí comprarlas para ti, junto con un suéter."

Niko: "Muchas gracias, lo aprecio".

"Hoy hace mucho viento." dijo la señorita Alessia, mientras salían del centro comercial.

"Esa es una señal de que el verano está por terminar." respondió el Sr. Laurent,

"Desearía haber tenido una chaqueta y un par de calcetines."

"Creo que tengo algunos calcetines en mi bolso. Déjenme ver." dijo el Sr. Laurent.

"No te preocupes, puedo comprar uno en esa otra tienda de ropa, puedo ver algunas buenas gafas a la venta en la ventana, también tienen buenas corbatas, vamos, echemos un vistazo."

Capítulo 6

PREGUNTAS

Palabras claves: Question, what, how, who, what, where, when, why, how much, how many.

Pregunta	Question
Cuáles?	Which?
¿Quién?	Who?
¿Cuál?	What?
¿Por qué?	Why?
Cuánto?	How much?
Cuántos?	How many?
Que soy?	What am I?
¿Cómo?	How?
¿Cómo escribes una carta?	How do you write a letter?
¿Quién come cebolla?	Who eats onion?
¿Cuáles pájaros?	Which birds?
¿Quién es el niño?	Who is the boy?
¿Quién es Sergio?	Who is Sergio?
Quién eres tu?	Who are you?
¿Cuáles manzanas?	Which apples?
¿Qué soy?	What am I?
¿Quiénes comen pollo?	Who eats chicken?
¿Que leen ustedes?	What do you read?
¿Quién bebe leche?	Who drinks milk?
¿Cuáles tortugas?	Which turtles?
¿Que lees?	What are you reading?
¿Cuál es tu pregunta?	What's your question?
Él lee la pregunta	He reads the question
¿Cuántos libros son nuestros?	How many books are ours?
¿Cuánto dinero necesitas?	How much money do you need?
¿Dónde?	Where?
¿Cuándo comes pan?	When do you eat bread?
¿Cuál es la pregunta?	What is the question?

TIEMPO DE ENTRENAMIENTO

MODO HISTORIA

ENGLISH

"Hi, Miss Michelle, this is Niko, a food research consultant, I'm going to conduct a survey for Simpleway Labs today, and I'd like to ask you some questions if you do not mind."

"Sure, go ahead."

"Thank you."

"First question, do you eat at least three times a day?"

"Yes, I do."

"When do you feel most hungry?"

"In the morning. That's why I never miss breakfast."

"Where do you have breakfast?"

"On the way to work."

"What do you prefer, eggs and bacon or vegetarian sandwiches?"

"Eggs and bacon, I'm not a vegetarian."

"How do you like your prepared eggs? boiled, fried or scrambled?"

"I like them raw, especially before going to the gym. Other times, I like fried foods."

"What brand of eggs do you buy?"

"SW eggs."

"How many boxes do you buy in a month?"

"Seven."

"How much does a box cost?"

"Ten dollars."

"Do you watch any cooking show about eggs?"

"Yes, I do."

"Which is your favorite and why?"

"I do not have any reason in particular, but I like Eggs Bernado."

"Thanks for your time."

"You're welcome."

ESPAÑA

"Hola, señorita Michelle, esta es Niko, una consultora de investigación de alimentos. Voy a realizar una encuesta para Simpleway Labs hoy, y me gustaría hacerle algunas preguntas si no le importa."

"Claro, adelante."

"Gracias."

"Primera pregunta, ¿comes al menos tres veces al día?"

"Si, lo hago."

"¿Cuándo te sientes más hambriento?"

"Por la mañana. Es por eso que nunca me pierdo el desayuno."

"¿Dónde desayunas?"

"En cámino al trabajo."

"¿Qué prefieres, huevos y tocino o sandwiches vegetarianos?"

"Huevos y tocino, no soy vegetariano."

"¿Cómo te gustan tus huevos preparados? hervido, frito o revuelto?"

"Me gustan crudos, especialmente antes de ir al gimnasio. Otras veces, me gustan las comidas fritas."

"¿Qué marca de huevos compras?"

"Huevos SW."

"¿Cuántas cajas compras en un mes?"

"Siete."

"¿Cuánto cuesta una caja?"

"Diez dólares."

"¿Ves algún programa de cocina en huevos?"

"Si. Hago."

"¿Cual es su favorito y por qué?"

"No tengo ninguna razón en particular, pero me gusta Eggs Bernado."

"Gracias por tu tiempo."

"De nada."

Capítulo 7

VERBOS

VERBOS - INFINITIVOS

Palabras claves: Touching, carrying, speaking, reading, thinking, passing, going, avoiding, maintaining, taking, leaving, raining, seeing, having, arriving, doing, living, giving, returning, winning, knowing, being, leaving, receiving, falling.

Tienes que ser positivo	You ought to be positive
No es normal dormir mucho	It is not normal to sleep a lot
Ella logro comer	She was able to eat
Mis amigos dejaron de beber	My friends stopped drinking
¿Puedo ver la habitación?	Can I see the room?
¿Podemos estar en tu casa?	Can we stay at your house?
No es posible tener ambas cosas	It is not possible to have both things
El me permitió ver a Sergio	He allowed me to see Sergio
Dani es muy joven para beber cerveza	Dani is too young to drink
¿Qué podemos comer?	What can we eat?
No puedes estar tan seguro	You cannot be so sure
Ustedes no pueden ser padres	You cannot be parents
Tu puedes ser un maestro	You can be a teacher
Cualquier cama es major que no tener cama	Any bed is better than having no bed
¿Puedo ver la revista?	Can I see the magazine?

Mary sabe nadar	Mary knows how to swim
Tu sabes leer	You know how to read
Ustedes saben escribir	You all know how to write
Por favor, no tocar	Please, do not touch
Ella tiene que ir alli	She has to go there
Comenzó a llover	It started to rain
Hoy yo no puedo nadir ni caminar	Today, I can neither swim nor work
Nosotras sabemos leer	We know how to read
Podemos escribir un libro	We can write a book
La niña puede casi tocar la mesa	The girl can almost touch the table

TIEMPO DE ENTRENAMIENTO

Usted insistio en caminar	You insisted on walking
Ellas saben leer	They know how to read
Ella no puedo oir	She cannot hear
Ellos estan por partir	They are about to depart
Ella nos puede dar su coche	She can give us her car
No lo puedo hacer	I cannot do it
Ella no sabe que decir	She does not know what to say
¿Puede repetir eso de nuevo?	Can you repeat that again?
¿Que hacer?	What to do?
Pero el puede oir	But he can hear
¿Puedes hacer arroz con pollo?	Can you make rice with chicken?
¿Puedo hablar con Pablo?	May I speak to Pablo?
Mi madre puede pasar	My mother can go through
Es imposible saber	It is impossible to know

Tienen que dejar de beber	They have to stop drinking
Tienen que pesar la maleta	You have to weigh the suitcase
Me tengo que despertar a las seis	I have to wake up at six
¿Dónde puedo alquilar un coche?	Where can I rent a car?
¿Puedo entrar?	Can i come in?
No puedo hablar	I cannot talk
No puedo dejar de escribir	I cannot stop writing
Yo tengo que alquilar un coche	I have to rent a car
Yo puedo hablar con ella	I can talk with her
Mis padres fueron a dejar a mi tio al aeropuerto	My parents went to leave my uncle at the airport
Ahora es imposible salir	Now it is impossible to go out

TIEMPO DE ENTRENAMIENTO

No se que pensar	I do not know what to think
El no puede tomar agua	He cannot drink water
¿Necesito poner la mesa?	Do i need to set the table?
No puedes evitar eso	You cannot avoid that
Tu puedes conocer a mi madre	You can meet my mother
Ella puede poner la mesa	She can set the table
Al salir de la estación vi un raton	Upon leaving the station, i saw a mouse
Eso me hizo pensar	That made me think
Ella tiene que conocer al dueño	She has to meet the owner
Es mejor evitar esa zona	It is better to avoid that zone

Tengo que tomar la lámpara del escritorio	I have to take the lamp from the desk
Usted puede conocer a mi padre	You can meet my father
Tu puedes trabajar	You can work
¿Quiero vivir aquí?	Do I want to live here?
Es hora de volver a casa	It is time to return home
¿Puedes mantener esto?	Can you keep this?
No es possible llevar perros a este hotel	It is not possible to take dogs to this hotel
Ellos pueden entrar	They can come in
No puedo vivir sin agua	I cannot live without water
Podemos trabajar	We can work
¿Dónde lo puedo encontrar?	Where can I find him?
Ella no tiene que trabajar	She does not have to work
Los hombres tienen que entrar a la universidad	The men have to enter the university
Tienes que esperar aqui	You have to wait here
Yo puedo entender ese libro	I can understand that book

TIEMPO DE ENTRENAMIENTO

Yo puedo crear algunas cosas	I can create some things
Lo podemos lograr	We can achieve it
Ella puede obtener el dinero	She can obtain the money
La puedes conseguir?	Can you get it?
Usted puede buscar al gato	You can search for the cat
Ellas pueden obtener mas dinero	They can obtain more money
Ellos pueden buscar al perro	They can look for the dog
Ella puede esperar cinco minutos	She can wait five minutes

Tu puedes crear el menú	You can create the menu
Lo podemos lograr juntos	We can achieve it together
Nosotras podemos conseguir agua	We can obtain water
El nos puede contar	He can tell us
Ella puede tartar de ir	She can try to go
Ella puede cambiar	She can change
Ellos nos pueden alcanzar	They can catch up with us
Tenemos que jugar	We have to play
Ella puede ganar	She can win
Tenemos que establecer las reglas	We have to establish the rules
Ellas saben contar	They know how to count
Tu puedes establecer un restaurante	You can establish a restaurant
Tu puedes tartar de comer	You can try to eat
Yo puedo jugar	I can play
¿Puedes alcanzar el techo?	Can you reach the ceiling?
Puedes contar con ella	You can count on her
¿Usted puede recordar eso?	Can you remember that?

TIEMPO DE ENTRENAMIENTO

El dejó caer la caja	He let the box fall
Tengo que pagar el coche hoy	I have to pay for the car today
Ella puede mejorar	She can improve
La puedo utilizar	I can use it
Es hora de presenter a tu novio	It is time to introduce your boyfriend
¿Como puedo pagar?	
Es hora de presenter a tu tía	It is time to present your aunt

Tenemos que mejorar en eso	We have to improve on that
El no puede recordar	He cannot remember
Nosotros nos podemos caer	We can fall down
Yo no puedo morir	I cannot die
Ellos pueden producir alcohol	They can produce alcohol
Puedo considerar eso	I can consider that
Yo puedo aceptar el coche	I can accept the car
Podemos abrir la puerta	We can open the door
Ella no puede sentir eso	She cannot feel this
Estoy muy cerca de resolver esto	I am very close to solving this
Esto no parece terminar	This seems not to end
Yo necesito abrir la ventana	I need to open the window
Ellos pueden morir	They can die
¿Podemos resolver esto o no?	Can we resolve this or not?
No puedo aceptar menos	I cannot accept less
Saben cómo producir más	They know how to produce more
Tu puedes morir	You can die
Ella puede terminar ese libro	She can finish that book

TIEMPO DE ENTRENAMIENTO

VERBOS - PRESENTE

Palabras claves: Eat, touch, hear, walk, sleep, go, talk, cook, swim, have, make, pay, run, read, write, study, follow, play, stay, find, help, look, come, shows, weighs, tests, appeases, closes, dreams, presents, requires, drinks.

Dormimos	Sleep
Tienen	Have
Escribo	Write
Mi papá nada, tu mama camina	My dad swims, your mom walks
Sergio duerme, Martina corre	Sergio sleeps, Martina runs
¿Que ves?	What do you see?
El tiene el almuerzo	He has lunch
¿No cocinas pato?	You do not cook duck?
Yo tengo un animal es un raton	I have an animal, it is a mouse
No, tu no caminas	No, you do not walk
Nosotros no dormimos	We do not sleep
Ellas cocinan el huevo	They cook the egg
Nosotros no corremos	We do not run
Los niños ven el oso	The boys see the bear
Los pájaros no nadan	Birds do not swim
Ellos tienen libros	They have books
Yo no pago	I do not pay
Nosotras vamos	We go
¿Cuales vestidos quieres?	Which dresses do you want?
Sergio quieres una araña rosa	Sergio wants a pink spider
Tu pagas el almuerzo	You pay for the lunch
No, tu no vas	No, you are not going
Si, yo voy	Yes, I go
Nosotros queremos manzanas	We want apples
Los niños no pagan	Kids do not pay

TIEMPO DE ENTRENAMIENTO

Los elefantes quieren agua	The elephants want water
Los niños no van	The boys do not go
Ella va, yo voy	She goes, I go
Ellas escriben	They write
Ellos leen un libro	They read a book
Yo como pan	I eat bread
Los niños beben agua	The boys drink water
No oigo	I do not hear
Podemos?	Can we?
Yo hago una pregunta	I ask a question
Tu no locas la cebolla	You do not touch the onion
El pájaro no habla	The bird does not speak
Yo puedo	I can
Tu puedes	You can
Nosotros no tocamos el pollo	We do not touch the chicken
Nosotros hacemos salsa	We make sauce
El gato no oye	The cat does not hear
Ella habla, ellas hablan	She speaks, they speak
Los niños oyen	The boys listen
Yo no tocó la carne	I do not touch the meat
Tu no hablas Español	You cannot speak Spanish
Yo no habló Español	I cannot speak Spanish
¿Hablas Español?	Do you speak Spanish
Nosotras no pagamos	We do not pay
Ellas estudian los libros	They study the books

TIEMPO DE ENTRENAMIENTO

Se	Know
Encuentra	Find
Juego	Game
Muestras	Samples
Llueve	It rains
Yo sé	I know
Los perros juegan	The dogs play

Nosotras encontramos comida	We find food
Yo encuentro el perro	I find the dog
El niño juega	The child plays
No sé	I do not know
No queda sal	There is no salt left
Ellos siguen a su padre	They follow their father
La mujer prueba el pan	The woman tastes the bread
Tu muestras tu cinturón	You show your belt
El perro ayuda al hombre	The dog helps the man
El cocinero pesa la carne	The chef weighs the meat
Ella mira hacia la ventana	She looks to the window
Elle viene con la niña	He comes with the girl
Ellos prueban el arroz	They try the rice
Yo peso a mi hijo	I weigh my son
El muestra las cartas	He shows the letters
Nosotros miramos el menu	We look at the menu
Nosotros ayúdamos	We help
Tu pruebas el arroz	You taste the rice

TIEMPO DE ENTRENAMIENTO

Mi tia esta sola	My aunt is alone
Martina cierra la ventana	Martina closes the window
Yo sueño con mi novia	I dream about my girlfriend
¿Ustedes recuerdan?	Do you all remember?
Ellos aparecen en la noche	They appear at night
Busco mi perro	I look for my dog
Ellas presentan a su familia	They present their family
Estoy entre tu y el	I am between you and him
Ellos estan seguros	They are secure

Nosotras estamos en la cena	We are at the dinner
Recordamos a nuestra abuela	We remember our grandmother
Ella busca su gato	She looks for her cat
Ella cierra la puerta	She closes the door
¿Cual sueño?	Which dream?
¡Vuelve!	Go back!
Pienso en ustedes	I think of you
Ellas no dan comida	They do not give food
Acepto el sofá	I accept the sofa
Ella toma mi azúcar	She takes my sugar
Yo respeto a las mujeres	I respect women
Ella visita a su familia	She visits her family
El no acepta	He does not accept
Ellas toman vino	They drink wine
No pensamos	We think not
Ella da agua	She gives water

TIEMPO DE ENTRENAMIENTO

Vuelvo con mi perro	I return with my dog
El respeta a su mujer	He respects his wife
El visita al doctor	He visits the doctor
Ella toma el sombrero	She takes the hat
El oso no cabe por la puerta	The bear does not fit through the door
Si, parece familiar	Yes, it seems familiar
Ella comienza mañana	She starts tomorrow
El sirve el arroz	He serves the rice
¿Conoce usted Madrid?	Have you been to Madrid?
Tu no cuentas	You do not count
El mes acaba el lunes	The month ends on Monday
Conoces a mi hija	You know my daughter
Los zapatos no caben	The shoes dont fit
Yo comienzo mañana	I start tomorrow
Parecen naturales	They seem natural
El cuenta los emparedados	He counts the sandwiches

Servimos la cena — We serve the dinner
Septiembre acaba — September ends
El firma el libro — He signs the book
La madre culpa al hijo — The mother blames the child

Ella entrega la carta — She delivers the letter
Que siente el por ella? — What does he feel for her?

Ellos importan su cuna — They import his crib
Él incluye a su madre — He includes his mother
El entra en la cocina — He enters the kitchen

TIEMPO DE ENTRENAMIENTO

Ellos firman el libro — They sign the book
Yo entrego comida — I deliver food
No, el color no es importante — No, the color is not important
Ellas incluyen un traje diferente — They include a different suit
Yo importo queso — I import cheese
Nosotras firmamos su camisa — We sign his shirt
Mamá, entra por favor — Mom, come in please
Depende — Depends
Él dice — He says
Mayo empieza mañana — May starts tomorrow
Abrimos el libro — We open the book
Mi marido llega tarde — My husband arrives late
Requiere trabajo — It needs work
Yo digo que si — I say yes
Usted abre la puerta — You open the door
Nosotros llegamos mañana — We arrive tomorrow
Los granjeros dicen que el libro es buen — The farmers say that the book is good
¿Cuándo llegan? — When do they arrive?
Yo abro elo jugo — I open the juice
Él requiere más comida — He requires more food
La pintora depende de él — The painter depends on him

50

¿Te gusta el verano?	Do you like summer?
No lo compro	I do not buy it
El no lo duda	He does not doubt it
Regresamos muy tarde	We return very late

TIEMPO DE ENTRENAMIENTO

Ella pide una manzana	She asks for an apple
Yo salvo a mi vecino	I save my neighbor
No me gustan estos telefonos	I do not like those telephones
¿Cuándo regresas?	When do you return?
El chico compra un perro	The boy buys a dog
Ella llena la botella	She fills the bottle
Yo dudo el duda	I doubt, he doubts
Nosotros salvamos a los animales	We save the animals
Este autobús para en Madrid?	Does this bus stop in Madrid?
El continúa su documento	He continues his document
El gana vente dólares	He wins twenty dollars
Yo le preguntó a el	I ask him
El mezcla la cebolla	He mixes the onion
Ella posee un coche rojo	She posesses a red car
El no pregunta	He does not ask
Me paro en la calle	I stand on the street
Ellos mezclan jugo y leche	They mix juice and milk
Ellos continuan	They continue
Tu ganas mucho dinero	You earn a lot of money
Tu preguntas lo mismo que yo	You ask the same thing as I do
Vivo en una ciudad	I live in a city
¿Ustedes permiten perros?	Do you allow dogs?
¿Quién recibe el conejo?	Who receives the rabbit?

El me considera un amigo	He considers me a friend
Ellos utilizan azúcar	They use sugar

TIEMPO DE ENTRENAMIENTO

El anade sal a la sopa	He adds salt to the soup
El coche vale muche	The car is worth a lot
¿Dónde vives?	Where do you live?
Mi compañero lo permite	My partner allows it
Usted utiliza la computadora	You use the computer
Ellas me consideran un amigo	They consider me a friend
El vive en Alemania	He lives in Germany
Nosotros vivimos aqui	We live here
Él la reconoce a ella	He recognizes her
Gasto dinero	I spend money
El no me entiende	He does not understand me
Ella no me responde	She does not answer me
El emparedado contiene queso	The sandwich contains cheese
Él derrota a su amigo	He beats his friend
Esto interesa a mucha gente	This interests a lot of people
No entiendo	I do not understand
Ellos derrotan a sus enemigos	They defeat their enemies
No me entienden	You do not understand me
Yo gasto mucho	I spend too much
Usted reconoce su camisa	You recognize his shirt
El vaso contiene agua	The glass contains water
¿Cuánto cuesta la cerveza	How much is the beer?
Yo corto la manzana	I cut the apple
¿Cuánto es?	How much is it?
Yo conduzco el coche	I drive the car

TIEMPO DE ENTRENAMIENTO

Lo rechazo	I reject him
El deja la comida en mi casa	He leaves the food at my house
El se ocupa de los niños	He deals with the children
Yo manejo	I drive
Ella mejora el menú	She improves the menu
Yo lo observo a el	I observe him
El alcanza el sombrero	He reaches for the hat
El me afecta	He affects me
¿Qué está pasando contigo?	What is happening with you?
Yo consulto con mi jefe	I consult my boss
Yo deseo un hijo	I want a son
El consulta con Andrea	He consults with Andrea
Pasamos el dia juntos	We spend the day together
Mi hija desea un caballo	My daughter wishes for a horse
El observa a su hija	He observes his daughter
Los niños pasan por aquí	The children go through here
Yo le paso el vino a mi madre	I pass the wine to my mother
Yo vuelo	I fly
No creo	I do not think so
Ella pierde sus llaves	She loses her keys
El reserve la mesa	He reserves the table
El se expresa bien	He expresses himself well
Ahora el intenta esto	Now he tries this
Ellas ponen la mesa	They set the table
Ella crea un menú	She creates a menu

TIEMPO DE ENTRENAMIENTO

Caen	Land
Yo descanso	I rest
Yo canto	I sing

Yo salto	I jump
Ese pájaro no vuela	That bird does not fly
Tu reservas una mesa	You reserve a table
Los pájaros vuelan	The birds fly
Lo pongo aquí	I put it here
Usted nunca pierde	You never lose
El no trata bien a Dani	He does not treat Dani well
Uso el Metro de Londres	I use the London Underground
Me llamó Carlito	My name is Carlito
El mes termina mañana	The month ends tomorrow
Ella cree que es tarde	She believes that it is late
El camina con mi hermana	He walks with my sister
El pertenece aqui	He belongs here
Tu no perteneces aqui	You do not belong here
Ella camina con mi amigo	She walks with my friend
Mi madre usa el horno	My mother uses the oven
Ustedes no me creen	You don't believe me
Michelle, no necesitas una falda negra	Michelle, you do not need a black skirt
Ellos salen todos los dias	They go out everyday
Mi hijo no te odia	My son does not hate you
El seca sus zapatos	He dries his shoes
El doctor me cura	The doctor cures me

TIEMPO DE ENTRENAMIENTO

No necesito mis cartas	I do not need my letters
El se cae	He falls down
Levanta el plato	Lift the plate
Ellas ofrecen mas dinero	They offer more money
La galería de tiro	The shooting gallery
No necesito más carne	I do not need more meat

Gira aquí	Turn here
Odio los lunes	I hate Mondays
El gato salta sobre la mesa	The cat jumps on top of the table
Yo seco mi casi	I dry my shirt
El tren sale a las nueve	The train leaves at nine
La audencia canta junto a la artista	The audience sings together with the artist
Saigo mañana	I leave tomorrow
Ella me ofrece su coche	She offers me her car
El espera cinco anos	He waits five years
Ella se levanta a las siete	She gets up at seven
Ella descansa los sábados	She rests on Saturdays
Yo tiro la comida	I discard the food
Ella lo necesita	She needs it
Necesitamos una mesa	We need a table
Los domingos descanso	I rest on Sundays
Se levantan pronto	They get up soon
Yo me caigo	I fall down
Espero que no	I hope not
Yo te ofrezco café	I offer you coffee

TIEMPO DE ENTRENAMIENTO

Mi hijo no te odia	My son does not hate you
El seca sus zapatos	He dries his shoes
La doctora me cura	The doctor cures me
Odio los lunes	I hate Mondays
Yo seco la camisa	I dry the shirt

VERBOS - PARTICIPIO PRESENTE

Palabras claves: State, followed, reduced, open, assumption, hearing, past, had, post, cited, touched, allowed, drunk, made, treated, given, taken, won, sent, come, left, eaten, lost, said, developed, seen, walked, lived, produced, demonstrated, rained.

El no ha comido hoy	He has not eaten today
Ellas no han sabido hadar	They have not known how to swim
Nunca he estado en ese país	I have never been in that country
Ella no ha sido mi maestro	She has not been my teacher
Siempre he bebido agua	I have always drunk water
Ellos han vivido aqui por diez anos	They have lived here for ten years
Nunca hemos estado aqui	We have never been here
¿Has comido hoy?	Have you eaten today?
Mi padre ha estado en Australia dos veces	My father has been to Australia twice
Lola nunca ha sido bilingüe	Lola has never been bilingual
Nosotras hemos vivido en Canada	We have lived in Canada
Lo hemos hecho	We have done it
Tu has tratado de ir	You have tried to go
Ha dejado de llover	It has stopped raining
El invierno se ha ido	Winter has gone
Esto me ha tocado mucho	This has touched me a lot
Yo he llamado por teléfono	I have called on the phone
Ella no ha querido dormir	She has not wanted to sleep
Silvia ya se ha ido a la cama	Silvia has gone to bed already

¿Has tocado un elefante?	Have you touched an elephant?
El dueño me ha llamado	The owner has called me
Yo he leído sobre eso	I have read about that
Han perdido el tren	They have missed the train
Nunca lo he conocido a el	I have never met him
Lo peor ya ha pasado	The worst has passed already

TIEMPO DE ENTRENAMIENTO

El solo ha preparado la fiesta	He prepared the party alone
Yo he conocido a dos doctors	I have met two doctors
He perdido mi tren	I have missed my train
Ella preparado el almuerzo	She has prepared lunch
He leído sobre eso	I have read about that
Ella aun no ha venido	She still has not arrived
Ellos nosh an dado dinero	They have given us money
El último tren ya ha salido	The last train has already left
Esto ha seguido por meses	This has continued for months
No ha llovido en todo el dia	It has not rained all day
Él ha enviado dos cartas	He has sent two letters
No hemos pagado por el pollo	We have not paid for the chicken
Nosotros hemos seguido a Sergio todo el dia	We have followed Sergio all day
Ella ha salido	She has gone out
Lo han demostrado antes	They have shown it before

He reducido la lista a tres	I have reduced the list to three
He recibido tu carta	I have received your letter
Ha nacido el nuevo príncipe	The new prince has been born
No hemos dicho eso	We have not said that
Ella lo ha permitido	She has allowed it
Ella me ha obligado a hablar	She has forced me to talk
Hemos recibidos dinero	We have received money
Ha nacido el bebe	The baby has been born
¿Has demostrado eso?	Have you demonstrated that?
He oido suficiente	I have heard enough

TIEMPO DE ENTRENAMIENTO

El ha terminado el programa	He has finished the program
Yo ha tomado dos clases	I have taken two classes
Ella ha llevado el mismo sombrero durante un mes	She has worn the same hat for a month
Nosotros lo hemos realizado	We have done it
Nunca he caminado a tu casa	I have never walked to your house
Él ha presentado un nuevo objetivo	He has presented a new objective
Han tomado nota	They have taken note
Usted ha llevado las fotos a su casa	You have taken the photos to your house
He oido que esta enfermo	I heard that he is sick
Usted ha citado el libro	You have cited the book
Finalmente ella ha ganado	She has finally won
Ella elegido bien	He has chosen well

Usted ha cerrado la puerta	You have closed the door
No he pedido esto	I have not ordered this
Ella ha logrado comer	She has been able to eat
Tu has desarrollado un buen menú	You have developed a good menu
Él ha elegido el número seis	He has chosen the number six
Nunca hemos tenido gatos	We have never had cats
Has producido unos Cuántos	You have produced a few of them
El no hablado desde ayer	He has not spoken since yesterday
Ellos nunca han cocinado	They have never cooked
Ellos han sufrido mucho	They have suffered a lot
No me he sentido bien	I have not felt well
Ellos se han puesto sus pantalones	They have put their pants on
El ha sentido algo	He has felt something

TIEMPO DE ENTRENAMIENTO

Nunca he cocinado pescado	I have never cooked fish
He tenido suficiente	I have had enough
Nunca hemos tenido gatos	We have never had cats
He escrito tres cartas	I have written three letters
Ahora, todo se ha determinado	Now, all has been determined
Eso ha abierto una puerta	That has opened a door
Lo has previsto todo	You have foreseen it all
Eso lo hemos establecido	We have established that
Yo he cambiado	I have changed
Yo he previsto eso	I have foreseen that

Ella ha escrito dos libros	She has written two books
¿Has visto a Martina hoy?	Have you seen Martina today?
¿Has visto a Sergio esta semana?	Have you seen Sergio this week?
Ellos he utilizado todo	They have used everything
He llegado a la hacienda	I have arrived at the hacienda
Hemos llegado	We have arrived
Han utilizado un cuchillo	They have used a knife
¿Has visto mi camara?	Have you seen my camera?
Ellos han utilizado la computadora	They have utilized the computer
Lo he visto	I have seen it
El momento final es mío	The final moment is mine
El caballo corre, el oso camina, el pato nada	The horse runs, the bear walks, the duck swims
Ella ofreció más	She offered more
El alcanzo al pájaro	He caught the bird
¿Tu consideraste eso?	Did you consider that?

TIEMPO DE ENTRENAMIENTO

Ella insistio	She insisted
No leemos durante la cena	We do not eat during dinner
Nosotros no somos nuevos	We are not new
Es una cuna	It is a crib

VERBOS - PASADO

Palabras claves: Lost, achieved, touched, started, decided, asked, considered, came, happened, was, wrote, entered, followed, got, explained, ended, liked, allowed, presented, knew, left, started, appeared, reached.

Fuimos al restaurant y comimos pasta	We went to the restaurant and ate pasta
Me gustó ese limón	I liked that lemon
Usted habló con mi hermana	You spoke with my sister
El fue mi estudiante	He was my student
Usted no estuvo en el hotel	You were not in the hotel
Mis amigos bebieron cerveza	My friends drank beer
Ayer bebí vino	Yesterday I drank wine
¿Comiste pasta?	Did you eat pasta?
Hoy no estuve en mi casa	I was not at my house today
Me gustaron esas mujeres	I liked those women
Ayer fui al parque con Maria	I went to the park with Maria yesterday
Ayer yo hablé con mi hermano	Yesterday, I spoke with my brother
Tu fuiste mi estudiante	You were my student
Lo vi hace poco	I saw him recently
Ayer no llovio	Birds do not swim
Oi a una persona en mi casa	I heard a person in my house
Lo quisiste	You wanted it
Los doctores dijeron que no	The doctors said no
Nunca me dijiste eso	You never told me that
Yo toqué al gato	I touched the cat
Ella lo quiso a el	She loved him
Oiste a los pájaros?	Did you hear the birds?

Mi amigo no vio esas fresas	My friend did not see those strawberries
Vimos toneladas de cafe	We saw tons of coffee
Hoy llovio mucho	It rained a lot today

TIEMPO DE ENTRENAMIENTO

Ella tocó la mesa	She touched the table
Lo hice	I did it
Usted tovo una television	You had a television
Usted dio comida	You gave food
Usted llego al instituto	You came to the institute
¿Es siquiera possible?	Is it at least possible?
El dejó la comida en mi casa	He left the food at my house
Ella no se quedó en mi casa	She did not stay at my house
Ellas tuvieron dos coches	They had two cars
Ustedes dieron dinero	You gave money
Nosotros llegamos ayer	We arrived yesterday
¿Cuándo hiciste eso?	When did you do that?
Yo me quedé en la casa	I stayed at the house
Ellas dejaron al niño en mi casa	They left the kid at my house
Ella me explicó su cultura	She explained her culture to me
¿Dónde paso?	Where did it happen?
El volvio	He returned
Él comenzó aquí	He began here
El se puso la camisa	He put on the shirt
Ella vino sola	She came alone
Elle bebé recien como	The baby just ate
Ellos comenzaron esto	They started this
¿Dónde pusimos el espejo?	Where did we put the mirror?

TIEMPO DE ENTRENAMIENTO

Nosotros pasamos por su galería ayer	We passed by his gallery yesterday?
Puso el libro en la mesa	I put the book on the table
Ella volvio	She returned
Él explicó su libro	He explained his book
Él vino de lejos	He came from far away
La fiesta ya empezo	The party already began
¿Quién decidió esto?	Who decided this?
El llevó su coche a la casa	He took his car to the house
El jamas preguntó	He never asked
La mujer pidió vino	The woman asked for wine
Ella salio con unos amigos	She went out with some friends
Usted recibió las llaves	You received the keys
Yo ya decidí	I already decided
Ella pidió la comida	She asked for the food
El recibió el dinero	He received the money
Mi madre jamas salio	My mother never went out
El llevó mi abrigo	He wore my coat
Ella preguntó por su amigo	She asked for her friend
Empezo hace diez minutos	It began ten minutes ago
Ella abrió la puerta	She opened the door
Él no bebió mucho	He did not drink a lot
¿Que occurrio aqui?	What happened here?
Ella encontró dinero	She found money
El logro eso	He achieved that
Ella miró por la ventana	She looked through the window

TIEMPO DE ENTRENAMIENTO

El me presentó a su esposa	He introduced me to his wife
Lo tomé	I took it
El abrió la ventana	He opened the window
El encontró a mi novio	He found my boyfriend
Occurrio ayer	It occurred yesterday
Ella llamó a la policía	She called the police
El pensó en sus padres	He thought about his parents
Yo no seguí a mi amiga	I did not follow my friend
Si, el supo	Yes he found out
Ella no respondio	She did not answer
Usted entro al hotel	You came into the hotel
Ella mostró esa foto de su hija	She showed that picture of her daughter
¿Como supiste?	How did you find out?
¿Seguiste a tu hermano?	Did you follow your brother?
Ellos me llamaron	They called me
El siguió las reglas	He followed the rules
Te llamé esta mañana	I called you this morning
Usted llamó a Dani	You called Dani
Ella preguntó y respondio	She asked and answered
Luego se lo mostró a sus amigos	Then he showed it to his friends
Lo perdí	I lost it
Usted sintio eso	You felt that
¿Terminaste el plato?	Did you finish the plate?
El ganó nueve mil dólares	He won nine thousand dollars
El se cayó del caballo	He fell off the horse

TIEMPO DE ENTRENAMIENTO

Usted recordo a mis hijos	You remembered my sons
Yo inicié eso	I initiated that
El perdio	He lost

Tu madre inició eso	Your mother initiated this
¿Que sentiste tu?	What did you feel?
Se termino	It is over
Ayer termine el traje	Yesterday I finished the suit
Las vacaciónes de verano terminaron	The summer vacation is over
Ella se cayó	She fell down
El apareció sin camisa	He appeared without a shirt
Lo permitió su jefa	Her boss allowed it
El consiguio agua	He obtained water
Usted no me escribio	You did not write to me
Usted no me contesto	You did not reply to me
Ella nos conto eso	She told us that
¿Usted obtuvo eso?	You obtained that?
Yo le escribi a el	I wrote to him
Ellos me escribieron	They wrote to me
El apareció en la television	He appeared on television
Ella consiguio vino	She got wine
Él contestó el teléfono	He answered the phone
¿Quién permitió eso?	Who allowed that?
Obtuvo vino	He received wine
El niño conto hasta diez	The boy counted to ten
Usted considero eso?	Did you consider that?

TIEMPO DE ENTRENAMIENTO

Ella me alcanzo	She caught me
Intentaste?	Did you try?

VERBOS: PASADO PERFECTO

Palabras claves: Suffered, lost, had, eaten, come, gone, closed, assumed, arrived, got, lived, directed, called, written, tried, found, dead, heard, known, given, eaten, match, won, demonstrated, spoken, produced, demonstrated, felt.

Nosotros habiamos comido	We had eaten
Has vivido en esta casa por muchos años	You have lived in this house for many years
Ellos habian perdido sus llaves	They had lost their keys
Habian ido a hablar	They had gone to talk
El habia venido al hotel	He had come to the hotel
Habiamos ido a un bar	We had gone to a bar
Ustedes habian vivido en un hotel	You had lived in a hotel
Habiamos encontrado el hotel	We had found the hotel
Yo ya habia formado un grupo	I had already formed a group
Habiamos obtenido un coche	We had obtained a car
Ellos habian tratado de comer	They had tried to eat
Nosotros habiamos descubierto la comida	We had discovered the food
Mi esposa habia llamado	My wife had called
Ustedes habian establecido un restaurante	You had established a restaurant
Tu habias conseguido vino	You had obtained wine
Yo habia muerto	I had died
Ellas habian dirigido el país	They had led the country

Habiamos producido mucho queso	We had produced a lot of cheese
Le habian dado vacaciones	They had given him a vacation
Yo ya habia tomado café	I had already drunk coffee
Nosotros habiamos conocido a nuestra madre	We had known our mother
Yo habia decidido no ir	I had decided not to go
Su padre habia muerto	Their father had died
Por eso se que nunca lo habia producido	That is how I know that he had never produced it
Me lo habia dado el	He had given it to me

TIEMPO DE ENTRENAMIENTO

Ella habia abierto la puerta	She had opened the door
Habiamos oido eso	We had heard that
Tu habias partido el queso	You had cut the cheese
Yo habia hablado con ella	I had spoken with her
Ella habia ganado mas dinero	She had earned more money
Yo ya lo habia demostrado	I had already proven it
Yo jamas habia sentido esto	I had never felt this
El tren ya habia partido	The train had already departed
Ya habiamos hablado de eso	We had already spoken about that
Ella no se habia ganado nada	She had not earned anything
Habia oido de este lugar	I had heard of this place
Yo habia escrito un libro	I had written a book

Ustedes habian cerrado la puerta	You had closed the door
Ya el habia sufrido bastante	He had suffered enough already
Me habia quedado sin pan	I had run out of bread
Yo habia supuesto lo mismo	I had assumed the same
Si, ella habia sufrido	Yes, she had suffered
Me habia quedado sin arroz	I had run out of rice
Los hombres son fuertes	The men are strong
Yo si puedo	I am able to
Con o sin agua	With or without water
Tu madre es profesora	Your mother is a professor
Ella es una mala estudiante	She is a bad student
El pan y el agua	The bread and the water
No, tu eres la primera	No, you are the first

TIEMPO DE ENTRENAMIENTO

Nuestro conejo no bebo leche	Our rabbit does not drink milk
El niño bebe agua	The child drinks water
El vecino no insistió	The neighbor did not insist
El lo negó	He denied it
El ofrecio mas dinero	He offered more money
Ella sacó un cuchillo	She took out a knife
El intentó	He tried
Yo lo negué	I denied it
El mono camina cerca del caballo	The monkey walks near the horse
¿Tu duermes entre ellos?	Do you sleep between them?
Las manzanas son grandes	The apples are big

MODO HISTORIA

ENGLISH

Today is the first day of spring and it is a Monday. Around this time, every year, some animals enter a state of deep sleep called hibernation. This is common for most bears, except for the one that lives near the lake in the city of Las Palmas. Early in the day, Sergio and Roberto decided to go to the bar by the lake, see their friend and celebrate the new season. Dani wanted to come with them, but they refused because he is too young to drink. It was probably the best option, because when they approached the bar, the boys saw the bear walking towards them. If Dani had come, he would have fainted, but the boys were brave, and they stayed perfectly still, until it happened. Soon after, the boys entered the bar and witnessed an argument.

"Men pay, I dance, I do not pay." Carla shouted.

"It's not possible to have both, Carla, we can not pay you a salary and still give you free drinks and food." said the bar manager.

"It's okay, we've arrived, we're going to pay for everything." Sergio said.

ESPAÑA

Hoy es el primer día de la primavera y es un lunes. Alrededor de este tiempo, todos los años, algunos animales entran en un estado de sueño profundo llamado hibernación. Esto es común para la mayoría de los osos, excepto el que vive cerca del lago en la ciudad de Las Palmas. Temprano en el día, Sergio y Roberto decidieron ir al bar junto al lago, ver a su amigo y celebrar la nueva temporada. Dani quería venir con ellos, pero se negaron porque él es demasiado joven para beber. Probablemente fue la mejor opción, porque cuando se acercaron al bar, los chicos vieron al oso caminando hacia ellos. Si Dani hubiera venido, se habría desmayado, pero los chicos fueron valientes, y se quedaron perfectamente quietos, hasta que sucedió. Poco después, los chicos entraron al bar y presenciaron una discusión.

"Los hombres pagan, yo bailo, no pago." gritó Carla.

"No es posible tener ambas cosas, Carla, no podemos pagarte un salario y aún así darte bebidas y alimentos gratis." dijo el gerente del bar.

"Está bien, hemos llegado, vamos a pagar por todo." dijo Sergio.

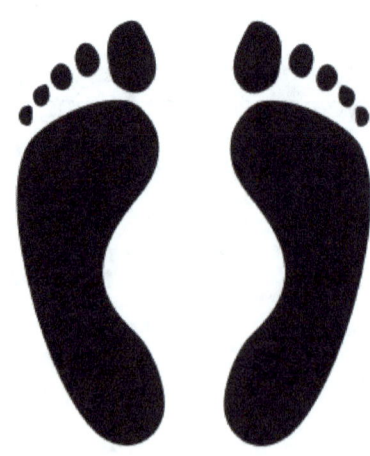

Capítulo 8

FAMILIA

Palabras claves: Father, mother, uncle, husband, wife, brothers, grandparents, aunt, family, girlfriend, baby, cousins.

La familia	The family
Padre	Father
Madre	Mother
Hijo	Son
Hija	Daughter
Hijos	Children
Hermanos	Brothers
Hermanas	Sisters
Abuelo	Grandfather
Abuela	Grandmother
Marido	Husband
Bebé	Baby
Mi madre es de Suiza	My mother is from Switzerland
Mi padre quiere a mi madre	My father loves my mother
Padre e hija	Father and daughter
La mujer no ve al niño	The woman does not see the boy
El perro del niño	The boy's dog
Tenemos un hijo y una gata	We have a son and a cat
Nosotros somos sus hijos	We are his children
¿Quiénes son tus padres?	Who are your parents?
Tengo hijos e hijas	I have sons and daughters
Dani no es su padre	Dani is not your father
Mi hijo es de Italia	My child is from Italy
Sergio y Roberto son mis hijos	Sergio and Roberto are my sons
Martina no es mi madre	Martina is not my mother

TIEMPO DE ENTRENAMIENTO

Andres no es mi padre	Andres is not my father
Si, Alberto es mi esposo	Yes, Alberto is my husband
Luis es mi hermano	Luis is my brother
Yo soy su esposa	I am his wife
Ellos son mis tíos	They are my uncles
Ella es mi tía	She is my aunt
Ella y mi madre son hermanas	She and my mother are sisters
Ustedes son nuestras esposas	You are our wives
No, no tienes bebés	No, you do not have babies
¿Que tienes bajo los zapatos	What do you have under the shoes?
Mi madre es una abuela	My mother is a grandmother
Chico es mi abuelo, mi abuela es Rosa	Chico is my grandfather, my grandmother is Rosa
Mi familia es de Alemania	My family is from Germany
Gracias abuela	Thank you Grandma
El sombrero azul es para mi abuela	The blue hat is for my grandmother
El no es mi primo	He is not my cousin
Sergio y Roberto son mis primas	Sergio and Roberto are my cousins
Dani es mi primo	Dani is my cousin
El sombrero blanco no es para mi abuela	The white hat is not for my grandmother
Somos primos	We are cousins
Hablamos acerca de libros	We talk about books
Alberto y Sonia tienen un bebé	Alberto and Sonia have a baby

TIEMPO DE ENTRENAMIENTO

MODO HISTORIA

ENGLISH

Clarisse: "Your younger sister, Elena, just uploaded an Instagram photo, there are many people, it looks like a great family portrait."

Martina: "Yes, a photographer came to the house today, and we all took some pictures to celebrate my grandfather's birthday."

"On the left are my brother and his wife. They were recently married and have just returned from their honeymoon. On the right is my father, whom you have met innumerable times."

"This is the newest member of the family, my niece Stella. She is only a baby, but she is very beautiful."

"This is my mother and my uncle, the lawyer. My grandmother is sitting next to her husband, the celebrant; And on the floor, we have my cousins and my nephew."

Clarisse: "That's a great family photo."

Martina: "I know, I love it."

ESPAÑA

Clarisse: "Tu hermana menor, Elena, acaba de subir una foto de Instagram, hay muchas personas, parece un gran retrato de familia."

Martina: "Sí, un fotógrafo llegó a la casa hoy, y todos hicimos algunas fotos para celebrar el cumpleaños de mi abuelo."

"A la izquierda están mi hermano y su esposa. Estuvieron casados recientemente y acaban de regresar de su luna de miel. A la derecha está mi padre, a quien has conocido innumerables veces."

"Este es el miembro más nuevo de la familia, mi sobrina Stella. Ella es solo un bebé, pero es muy hermosa."

"Esta es mi madre y mi tío, el abogado. Mi abuela está sentada al lado de su esposo, el celebrante; Y en el piso, tenemos a mis primos y mi sobrino."

Clarisse: "Esa es una gran foto familiar."

Martina: "Lo sé, me encanta."

Capítulo 9

DETERMINANTES

Palabras claves: That, how many, another, any, that, all, many, that, some, this, this, none, both, few, each, one, that.

Carlos es un león	Carlos is a lion
Dani lee un libro	Dani reads a book
Tom es un ingeniero inglés	Tom is an English engineer
Marco es un elefante	Marco is an elephant
Alvaro es una persona	Alvaro is a person
Roberto es un conejo	Roberto is a rabbit
Mi hijo, Matthew, tiene un año	My son, Matthew, is a year old
Andrea es una tortuga	Andrea is a turtle
Sergio cocina un conejo	Sergio cooks a rabbit
David tiene un libro negro	David has a black book
Esos hombres son malos	Those men are bad
Cada puerta, cada ventana	Each door, each window
Ella tiene mucha salsa	She has a lot of sauce
Algunos especialistas	Some specialists
Todas las mujeres	All the women
Estos son mis gatos	These are my cats
Por ambas	For both
Tengos unos cuántos gatos	I have a few cats
Algunos vestidos son blancos	Some dresses are white
Esta es mi hija	This is my daughter
¿Que hora es?	What time is it?
¿Tiene otro baño?	Do you have another bathroom?
A cualquier hora	At any time
Ella no tiene ningun hermano	She does not have any brothers

Las otras mujeres — The other women

TIEMPO DE ENTRENAMIENTO

La obra	The work
La actividad	The activity
La posibilidad	The possibility
Mi habitación no tiene ninguna ventana	My room does not have any windows
No tengo un gato	I do not have a cat
El vino es de buena calidad	The wine is of good quality
Eres mi tipo	You're my type
Son de la misma edad	They are of the same age
El proceso fue largo	The process was long
Es la nueva realidad	It is the new reality
No tuve tiempo para comer	I had no time to eat
Tengo dos tipos de abrigos	I have two types of coats
Escribe tu edad	Write your age
Los nombres son personales	Names are personal
Ella es una victim de las circunstancias	She is a victim of the circumstances
Ella lo hizo a proposito	She did it on purpose
El niño es muy dedicado	The boy is very dedicated
El odia hablar en público	He hates speaking in public
Ellas necesitan nuestra protección	They need our protection
El proposito es bueno	The purpose is good
Nosotros perdimos la competencia	We lost the competition
Estoy en el programa de protección a testigos	I am in the witness protection program

TIEMPO DE ENTRENAMIENTO

MODO HISTORIA

ENGLISH

Carlos: "How many windows are in this house? Everyone says there are eight, but I do not agree."

Marco: "My bathroom does not have windows, so there are seven in total."

Carlos: "What about the house in Valencia? How many do you have in total?"

Marco: "Four."

Carlos: "Only four? That's not good enough. Considering the size of the rooms, you need a lot of ventilation."

Marco: "Some windows are very expensive, which makes it difficult for me to buy more than seven in a year."

Carlos: "If your phone can browse, you should take a look at some of the images on my website, each one costs less than seventy dollars, I think they are affordable and of equal quality with this other brand."

* Internet searches *

Marco: "These windows are pretty, especially the two in the upper left corner, I like both."

Carlos: "I knew I would, and since I want to be my first customer this month, I will offer you a five percent discount if you buy both."

Marco: "Yes, I would, can I have your phone number?"

ESPAÑA

Carlos: "¿Cuántas ventanas hay en esta casa? Todos dicen que hay ocho, pero no estoy de acuerdo."

Marco: "Mi baño no tiene ventanas, entonces hay siete en total"

Carlos: "¿Qué hay de la casa en Valencia? ¿Cuántos tienes en total?"

Marco: "Cuatro."

Carlos: "¿Solo cuatro? Eso no es lo suficientemente bueno. Teniendo en cuenta el tamaño de las habitaciones, necesita mucha ventilación."

Marco: "Algunas ventanas son muy caras, lo que me dificulta comprar más de siete en un año."

Carlos: "Si su teléfono puede navegar, debe echar un vistazo a algunas de las imágenes en mi sitio web, cada una cuesta menos de setenta dólares, creo que son asequibles y de igual calidad con esta otra marca."

* búsquedas en Internet *

Marco: "Estas ventanas son bonitas, especialmente las dos en la esquina superior izquierda, me gustan las dos."

Carlos: "Sabía que lo haría, y como quiero ser mi primer cliente este mes, le ofreceré un descuento del cinco por ciento si compra ambos."

Marco: "Sí, lo haría, ¿puedo tener tu número de teléfono?"

Capítulo 10

ADVERBIOS

Palabras claves: Generally, already, then, even, only, possibly, practically, immediately, approximately, slowly, especially, surely, always, very, naturally, slowly, almost, only, simply, normally, easily, supposedly.

Bien	Okay
Casi	Almost
El come mucho	He eats a lot
Eres muy fuerte	You're so strong
No somos necesarios aquí	We are not necessary here
Come menos pan	Eat less bread
Yo soy asi	I am like that
Ellos hablan bien de Alejandro	They speak well of Alejandro
¿Está Fernando aquí?	Is Fernando here?
Estoy bien, estoy en Canada	I am fine, I am in Canada
¡No es bienvenido aquí!	He is not welcome here!
Bienvenido, aqui esta su mesa	Welcome, your table is here
Ella hablas mucho	She talks a lot
Quiero menos sopa	I want less soup
Soy muy alta	I am very tall
Ellas son muy populares	They are very popular
Nunca como pescado	I never eat fish
Un año después	A year later
Él es solo un niño	He is just a child
Yo también	Me too
Tu siempre pagas	You always pay
Los zapatos ya estan viejos	The shoes are already old
Soy casi otra persona	I am almost another person
El nunca ve la televisión	He never watches television
Que viene después	What comes afterwards

TIEMPO DE ENTRENAMIENTO

Nosotros siempre hacemos arroz con pollo	We always make chicken with rice
Ya no bebo cerveza	I no longer drink beer
Ustedes también son doctores	You are also doctors
Tengo solo una hora	I only have an hour
Yo nunca como carne	I never eat meat
Ellos no tienen tanto	They do not have much
Además, no es cierto	Besides, it is not true
Camina más despacio	Walk slower
El sabe dónde esta	He knows where it is
Antes y después	Before and after
¿Y entonces?	And then?
Ahora quiero pescado	Now I want fish
Come despacio	Eat slowly
Además, el caballo es mío	Besides, the horse is mine
Si ella camina, entonces el camina	If she walks, then he walks
Tengo tanto como tu	I have as much as you
Además, yo no soy actor	Besides, I am not an actor
Despacio, por favor	Slow, please
Ahora es muy tarde	Now, it is very late
Yo tampoco puedo	Neither can i
Buen dia, y hasta pronto	Have a good day, and see you soon
Sueño demasiado	I dream too much
Voy alli solo	I go there alone
Si, desde luego	Yes, of course
Ella no es aqui todavía	She is not here yet

TIEMPO DE ENTRENAMIENTO

Demasiado	Too
Especialmente	Especially
Por supuesto!	Of course!
Quizás	Perhaps

Por supuesto que no!	Of course not!
Bastante	Enough
Ella es aún más bonita	She is even more beautiful
Hasta luego	See you later
El perro come allí	The dog eats there
Hasta pronto	See you soon
Todavía no es de noche	It is not yet nighttime
Tu aún puedes	You still can
Todavía eres joven	You are still young
Estos pantalones son demasiado grandes	These trousers are too large
Ella esta alli	She is there
En general, es blanca	In general, it is white
Muy lejos	Very far
Finalmente, está aquí	It is finally here
Ustedes escriben especialmente para nosotras	You write especially for us
Finalmente, es viernes	Finally, it is Friday
¿Duermes bastante?	Do you sleep a lot?
Eres simplemente bonita	You are simply beautiful
Mi hermana jamas bebe	My sister never drinks
Es totalmente normal	It is totally normal
No, actualmente no	No, currently no

TIEMPO DE ENTRENAMIENTO

Generalmente	Generally
Tengo solamente un zapato	I only have one shoe
Ella camina alderedor	She walks around
El habla realmente bien	He speaks really well
Mi hermano nunca bebe	My brother never drinks
¡Esto es totalmente distinto!	This is totally different!
Jamas nado	I never swim
Eres una persona realmente buena	You truly are a good person
Sí, voy immediatamente	Yes, I go immediately

Quizá es demasiado	Maybe it is too much
Igualmente, Adiós	Likewise, goodbye
El probablemente llega hoy	He probably arrives today
Debajo de la mesa	Below the table
Vamos hacia adelante	We go forward
Eres prácticamente mi hermano	You are practically my brother
Gracias, doctor, igualmente	Thank you, doctor, likewise
Quizás es posible	Perhaps it is possible
Mi gato duerme debajo del sofá	My cat sleeps under the sofa
El cerdo está debajo de la mesa	The pig is below the table
Ellos son igualmente responsables	They are equally responsible
Ellos llegan immediatamente	They arrive immediately
El unicamente come pasta	He only eats pasta
Es perfectamente posible	It is perfectly possible
Ella come principalmente azúcar	She eats mainly sugar
Nosotros hablamos recien	We talked recently

TIEMPO DE ENTRENAMIENTO

Completamente	Completely
Definitivamente	Definitely
Exactamente!	Exactly!
Estamos apróximadamente aquí	We are approximately here
Es principalmente azúcar	It is mainly sugar
Ella unicamente come fruta	She only eats fruit
Sí, muy recientemente	Yes, very recently
Eres perfectamente capaz	You are perfectly capable

Es completamente verde	It is completely green
El esta solo nuevamente	He is alone again
Más joven, naturalmente	Younger, naturally
Bebemos rápidamente	We drink quickly
Es seguramente mi elefante	It is surely my elephant
Un caballo corre rápidamente	A horse runs rapidly
¿Que son exactamente?	What are they exactly?
Estoy absolutamente segura	I am absolutely sure
Sí, definitivamente eres major	Yes, you are definitely better
Seguramente es jugo	Surely it is juice
Los Miércoles, normalmente	Wednesday, normally
El camina lentamente	He walks slowly
No necesariamente	Not necessarily
Ella lee facilmente	She reads easily
Es posiblemente peor	It is possibly worse
Su hijo apenas habla	His son hardly speaks
Es relativamente nuevo	It is relatively new

TIEMPO DE ENTRENAMIENTO

El come lentamente	He eats slowly
Normalmente toma años	Normally, it takes years
Eres apenas un niño	You are barely a boy

MODO HISTORIA

ENGLISH

"Finally, it's Friday, are you still coming to the club?" Niko asked.

"Possibly." She answered.

"You'll be losing a lot if you do not come in. There will also be drinks and celebrities there, in case you've forgotten."

"It all depends on my sister, if she leaves, I'll go in. Until then, I'm undecided."

Niko continued. "You have to decide now; the VIP section is one of the most popular in the world."

"I'm still undecided."

"It may be too late if you finally change your mind, and you will never have another chance like this to see your favorite artist again." said Niko.

"It's fine, I'll come." she replied.

"Well then, I'll book it for you immediately."

ESPAÑA

"Finalmente, es viernes. ¿Sigues viniendo al club?" preguntó Niko.

"Posiblemente." Ella respondió.

"Vas a estar perdiendo mucho si no vienes. También habrá bebidas y celebridades allí, en caso de que lo hayas olvidado."

"Todo depende de mi hermana. Si ella se va, voy. Hasta entonces, estoy indeciso."

Niko continuó. "Tienes que decidir ahora. La sección VIP es una de las más populares del mundo."

"Todavía estoy indeciso."

"Puede que sea demasiado tarde si finalmente cambias de opinión, y nunca más tendrás otra oportunidad como esta para volver a ver a tu artista favorito." dijo Niko.

"Está bien. Vendré." ella respondio.

"Bien entonces, lo reservaré para usted de inmediato."

Capítulo 11
OBJETOS

Palabras claves: Thing, camera, ball, object, photo, train, keys, newspaper, pens, watch, machine, parts, computer, box, map, radio, scissors, hood, vehicle, device, document, paper, flag, bottle, dust, wheel, ship, pen, coin, motorbike, car, bag, backpack, bicycle, dollars, battery, magazine, cup, suitcase, bridge, screen.

Cosas	Things
El bolígrafo	The pen
El mapa	The map
La botella	The bottle
La computadora	The computer
El tren	The train
La bicicleta	The bicycle
La bola	The ball
Las llaves	The key
El coche	The car
La moto	The motorcycle
El radio	The radio
El avion	The airplane
La camara	The camera
La bateria	The battery
La mochila	The backpack
Las tijeras	The scissors
La tarjeta	The card
El barco	The ship
El papel	The paper
Quiero muchas cosas	I want many things
Es una vieja cosa	It is an old thing
Yo tengo coches	I have cars
La moneda es grande	The coin is big
Mi telefono celular	My cellphone

TIEMPO DE ENTRENAMIENTO

Un dólar	A dollar
Una llave	A key

La revista	The magazine
La campana	The bell
La copa	The cup
El puente	The bridge
El alcohol	The alcohol
El periodico	The newspaper
La bolsa	The handbag
Las bolas rojas	The red balls
¿Qué tienes en la maleta?	What do you have in the suitcase?
¿Tienes un telefono celular?	Do you have a cellphone?
La maleta de mi hermana es grande	The suitcase of my sister is big
¿Tienes una moneda?	Do you have a coin?
No es un reloj	It is not a clock
¿Quién más está en el barco?	Who else is on the boat?
¿Tienes cámaras?	Do you have cameras?
Mi bote es azul	My boat is blue
¿Tienes un reloj?	Do you have a watch?
¿Tienes una pluma?	Do you have a pen?
Es una campana	It is a bell
Las fuentes	The sources
Necesito baterias	I need batteries
Las abogadas entregan Los papeles	The lawyers deliver the papers
Está en dólares	It is in dollars

TIEMPO DE ENTRENAMIENTO

La foto	The photograph
La pantalla	The screen
La bandera	The flag
El motor	The engine
El arma	The weapon
La rueda	The wheel
El polvo	The powder
La máquina	The machine
Las piezas	The pieces
La caja	The box
Las botellas	The bottles

Pago con tarjeta	I pay with a card
Es una fuente de dinero	It is a source of money
El documento tiene muchas páginas	The document has many pages
Un objeto grande	A big object
Los periódicos son recientes	The newspapers are recent
Necesito revistas en inglés	I need English magazines
Objetos personales	Personal objects
¿Quién tiene los documentos?	Who has the documents?
Quiero un emparedado de queso, y un vaso de agua	I want a cheese sandwich, and a glass of water
Es mi vehiculo	It is my vehicle
El aparato	The apparatus
Les vehiculos	The vehicles
El aparato es pequeño	The device is small
¿Quieres mi foto ?	Do you want my picture?

TIEMPO DE ENTRENAMIENTO

La paz	The peace
El sector	The sector
Los movimientos	The movements
La investigación	The research
La capacidad	The capacity
La necesidad	The necessity
El efecto	The effect
El codigo	The code
La pantalla es grande	The monitor is big
Nosotros tenemos bicicletas	We have bicycles
Tengo bolígrafos	I have pens
El tiene un auto	He has a car
¿El va al trabajo en autobús?	Does he go to work by bus?
Ella sigues las reglas	She follows the rules

¿Eres una máquina?	Are you a machine?
Es una mala pieza	It is a bad piece
El coronel tiene una bomba	The colonel has a bomb
Es una botella con una nota	It is a bottle with a note
La columna	The spine
Ella es lista	She is clever
La autora lee sobre motores	The author reads about motors
Las armas	The weapons
Las ruedas son blancas	The wheels are white
Las bombas son malas	Bombs are bad
La cerveza es para los granjeros	The beer is for the farmers

TIEMPO DE ENTRENAMIENTO

¿Qué zapatos te quedan bien?	Which shoes fit you well?
Ella le lee un diario a usted	She reads you a newspaper
Te veo luego	I will see you later
El me sigue	He follows me
Te quiero	I want you
Usted te come una manzana	You eat an apple
Estos zapatos no me quedan	These shoes do not fit me
Usted me sigue	You follow me
El te mira	He looks at you
Nos comemos una naranja	We eat an orange
Ustedes les hablan a ellos	You talk to them
Ella nos culpa	She blames us
Nosotras les leemos a ellos	We read to them

MODO HISTORIA

ENGLISH

Alex: "Today we are going to learn about objects, starting with the images on the board".

From left to right, each of you will name seven of the objects on the board, and then proceed to a discussion about their uses."

Felipe! we will begin with you. Please start."

Felipe: "Apple, ball, battery, bicycle, bell, bottle, box."

Gustavo: "Calendar, camera, car, cell phone, clock, computer, cup."

Valeria: "Dollar, flag, house, keys, map, paper, pen."

Olivia: "Image, radio, scissors, boat, suitcase, train, wheel."

ESPAÑA

Alex: "Hoy vamos a aprender sobre objetos, comenzando con las imágenes en el tablero."

De izquierda a derecha, cada uno de ustedes nombrará siete de los objetos en el tablero, y luego procederá a una discusión sobre sus usos."

Felipe!, comenzaremos contigo. por favor comienza.

Felipe: "Manzana, pelota, batería, bicicleta, campana, botella, caja."

Gustavo: "Calendario, cámara, automóvil, teléfono celular, reloj, computadora, taza."

Valeria: "Dólar, bandera, casa, llaves, mapa, papel, pluma."

Olivia: "Imagen, radio, tijeras, bote, maleta, tren, rueda."

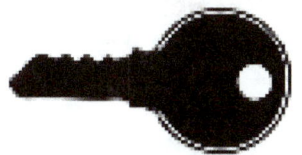

Capítulo 12

LUGARES

Palabras claves: Office, museum, beach, library, harbor, cafe, restaurant, school, city, park, hall, tower, house, institute, village, plaza, garden, corner, avenue, building, land, region, place, farm, neighborhood, border, country, courtyard, street, department, area, palace, home, bar, community, hotel, room, airport, castle, island, highway, coast, hospital, university, bank, gallery.

El hotel	Hotel
El restaurante	Restaurant
La escuela	The school
El aeropuerto	Airport
La casa	House
El banco	The bank
El castillo	Castle
La región	The region
La oficina	The office
El edificio	The building
La carcel	The prison
El parque	The park
El museo	The museum
El jardín	The garden
El cuarto	The room
El café	The coffee
La ciudad	The city
La playa	The beach
¿Dónde está el restaurante?	Where is the restaurant?
Corro hacia la calle	I run towards the street
Estoy en el hotel de la playa	I am at the beach hotel
Las calles	The streets
Bienvenido a mi restaurant	Welcome to my restaurant
Lola come en el restaurante	Lola eats in the restaurant
Bienvenido al hotel	Welcome to the hotel

TIEMPO DE ENTRENAMIENTO

La sala	The bedroom
El área	The area
La isla	The island
El barrio	The neighborhood
La hacienda	The estate
La torre	The tower
El hogar	The home
La carraterra	The road
La biblioteca	The library
El patio	The yard
La esquina	The corner
El bar	The bar
La pista	The course
La ruta	The route
Javier camina en la playa	Javier walks on the beach
Ana está en el jardín	Ana is in the yard
Lola está en el jardín	Lola is in the garden
¿Dónde está el tren hacia Madrid?	Where is the train to Madrid?
Tengo una casa en cada país	I have a house in each country
El lugar parece enorme	The place seems huge
Es su zona	It is his zone
Estoy en la ciudad	I am in the city
Mis casas no tienen techo	My houses do not have roofs
Las ciudades no son buenas	The cities are not good
Los lugares son pequeños	The places are small

TIEMPO DE ENTRENAMIENTO

Plaza	Square
La colonia	The colony
La galería	The gallery
El continente	The continent

Los edificios son grandes	The buildings are big
Carla juega en el parque	Carla plays in the park
Dónde esta el museo?	Where is the museum?
Es un avenida importante	It is an important avenue
Africa no es un país	Africa is not a country
Mi tío tiene una casa en Italie	My uncle has a house in Italy
La plaza es grande y bonita	The plaza is big and pretty
La communidad habla Inglés	The community speaks English
Ella va a la universidad	She goes to the university
Ella sabe mucho de bancos	She knows a lot about banks
Hablamos de estas regions	We talked about these regions
Somos una communidad grande	We are a large community
Caminamos en la plaza	We walk in the square
Caminamos por la carretera	We walk by the road
Los bancos son blancos	The banks are white
Es un buen hospital	It is a good hospital
En la costa	In the coast
Es un puerto importante	It is an important port
Mi hermana va al instituto	My sister goes to the institute
Es la major institución del país	It is the best institution of the country
Estas salas son muy grandes	These rooms are very large

TIEMPO DE ENTRENAMIENTO

Las áreas	The areas

Las institución es cuentan con nosotros	The institutions count on us
La nación	The nation
Es un territorio grande	It is a large territory
Tu casa es un palacio	Your house is a palace
Tengo un apartamento	I have an apartment
El terreno	The terrain
Los pueblos son differentes	The towns are different
El distinto en las islas	It is different in the islands
La fiesta es para el pueblo	The party is for the town
Ellos están en la frontera	They are at the border
Es un festival local	It is a local festival
Nosotros comemos en el salon	We eat in the hall
Yo no tengo patria	I do not have a home country
Asia es un continente	Asia is a continent
Tu patria es Alemania	Your home country is Germany
La jueza busca las pistas	The judge searches for clues
Yo soy del oeste	I am from the west
Yo voy a una agencia	I go to an agency
La distancia es dura	The distance is hard
Pero no en la capital	But not in the capital
California está al oeste	California is west
La capital de Alemania es Berlin	The capital of Germany is Berlin
Es la major ruta	It is the best route
El las visita a ellas	He visits them
¿Donde esta el baño?	Where is the washroom?

TIEMPO DE ENTRENAMIENTO

MODO HISTORIA

ESPAÑA

Javier: "Necesito un lugar nuevo, un lugar donde pueda ir a relajarme después de un largo día, antes de irme a casa. ¿Tienes alguna sugerencia?"

Ana: "Eso no es un problema en esta ciudad. Hay una larga lista de lugares, algunos de los cuales incluyen el museo, galerías de arte, biblioteca estatal, centros comerciales y muchos cafés y restaurantes.

Si te gusta la naturaleza, puedes ir al parque. Está cerca de la escuela nacional de catering y del aeropuerto."

Javier: "¿Dónde está ubicado?"

Ana: "Zona seis. Solo unas pocas cuadras al oeste de la puerta de la universidad, y el hospital del palacio. Una vez que pase el banco de Santander, lo verá fácilmente."

Javier: "Necesito un lugar más cerca de mi casa, esa distancia es demasiado lejos para mí."

Ana: "Alternativamente, puede recorrer el castillo de El Mina. Está en una zona tranquila, y no muy lejos de su oficina. También está la Torre de Santa María, propiedad de la Familia Santa María. Es una pequeña isla propia. Tiene un hotel con bonitas habitaciones y un bar."

Javier: "¿Cómo llego allí?"

Ana: "Está a la vuelta de la esquina en Osbourne Avenue, la segunda calle a la derecha, después del instituto de planificación urbana. Verás muchos edificios altos y cocoteros a medida que te acerques."

ENGLISH

Javier: "I need a new place, a place where I can go to relax after a long day, before I go home. Do you have any suggestion?"

Ana: "That's not a problem in this city. There is a long list of places, some of which include the museum, art galleries, state library, shopping centers and many cafes and restaurants. If you like nature, you can go to the park. It is close to the national catering school and the airport."

Javier: "Where is it located?"

Ana: "Zone six. Only a few blocks west of the university gate, and the palace hospital. Once you pass the Santander bank, you will see it easily."

Javier: "I need a place closer to my house, that distance is too far for me."

Ana: "Alternatively, you can tour the castle of El Mina. It is in a quiet area, and not far from your office. There is also the Santa María Tower, owned by the Santa María Family. It is a small island of its own. It has a hotel with nice rooms and a bar."

Javier: "How do I get there?"

Ana: "It's just around the corner on Osbourne Avenue, the second street on the right, after the urban planning institute. You will see many tall buildings and coconut trees as you get closer."

Capítulo 13

GENTE

Palabras claves: Citizens, gentleman, neighbors, worker, companion, population, individual, person, witness, revolution, lady, people, victims, friends, tourism, humanity, enemy, peasants.

La senora	The lady
La chica	The girl
El chico	The boy
El hombre	The man
Los vecinos	The neighbors
El compañero	The colleague
Amigas	Friends
Mis amigos son ricos	My friends are rich
Nosotros somos trabajadores	We are hardworking
No tienes cultura	You have no culture
La gente mira	The people look
Gilberto es una persona	Gilberto is a person
Es mi cultura	It is my culture
¿Qué es un ciudadano?	What is a citizen?
A la población en general	To the general population
Es mi cultura	It is my culture
Nosotros somos buenas personas	We are good people
No es un buen matrimonio?	It is not a good marriage?
¿Qué es una revolución?	What is a revolution?
La audiencia oye	The audience hears
Somos una pareja?	Are we a couple?
Mis compañeros	My mates
Los ciudadanos	The citizens
Qué bonita costumbre	What a beautiful habit
Es malo para la humanidad	It is bad for humanity

TIEMPO DE ENTRENAMIENTO

Ni yo	Nor i
Tus costumbres son buenas	You have good customs
Ella mira a las chicas	She watches the girls
No quiero vino sino agua	I do not want wine but I want water
Mis primos van a la feria	My cousins go to the fair
Además, no tenemos testigos	Besides, we do not have witnesses
El es siempre un caballero	He is always a gentleman
Los campesinos	The farmers
Ustedes ya son adultos	You are already adults
Yo soy un testigo	I am an eyewitness
Ellas son pequeñas adultas	They are small adults
¿Tienes enemigos?	Do you have enemies?
Somos individuos	We are individuals
¿Eres una víctima?	Are you a victim?
Ellos estudian turismo	They study tourism
Es un individuo	It is an individual
Somos las víctimas aquí	We are the victims here
Tengo un enemigo	I have an enemy
Mi compañero lo permite	My partner allows it
El doctor va a recibir los resultados mañana	The doctor is going to receive the results tomorrow
Ellas son oficiales	They are officers
El maestro nos lee un libro	The teacher reads us a book
El trata bien a sus empleados	He treats his employees well
Tenemos tres differentes lugares	We have three different places
Mi padre la quiere mucho	My father loves her a lot

MODO HISTORIA

ENGLISH

Reporter: "There are so many people at this year's carnival. I have already seen my neighbor and a co-worker with their national flags, let me go to the farmer's section, and talk to some of the people there."

"Hi guys, and welcome to the 24th annual Green Carnival. How are you guys today?"

Tourist 1: "We are doing pretty well. We are enjoying the fair and having fun with our colleagues."

Reporter: "That's good to hear. Can I ask about their costumes and what is the theme?"

Tourist 1: "We are citizens of Spain, a country with a population of eleven million people and we have a unique culture. This disguise represents that in the simplest way. In response to your second question, our theme for this year is 'Tourism for humanity'."

Tourist 2: "We have both witnessed the destructive power of hurricanes in person, and so we decided to help by creating awareness, and also to travel in search of donations for their victims."

ESPAÑA

Reportero: "Hay tanta gente en el carnaval de este año. Ya he visto a mi vecino y un compañero de trabajo con sus banderas nacionales, déjenme ir a la sección de agricultores, y hablar con algunas de las personas allí."

"Hola chicos, y bienvenidos al 24° Carnaval Verde anual. ¿Cómo están chicos hoy?"

Turista 1: "Lo estamos haciendo bastante bien. Estamos disfrutando de la feria y divirtiéndonos con nuestros colegas."

Reportero: "Eso es bueno escuchar. ¿Puedo preguntar sobre sus disfraces y cuál es el tema?"

Turista 1: "Somos ciudadanos de España, un país con una población de once millones de personas y tenemos una cultura única. Este disfraz representa eso de la manera más simple. En respuesta a su segunda pregunta, nuestro tema para este año es 'Turismo para la humanidad'."

Turista 2: "Ambos hemos sido testigos del poder destructivo de los huracanes en persona, y luego decidimos ayudar creando conciencia, y también para viajar en busca de donaciones para sus víctimas."

Capítulo 14

CASA

Palabras claves: Telephone, wall, basement, mirror, bed, chairs, knife, kitchen, bedroom, dryer, ceiling, plate, glass, refrigerators, sofa, frying pan, oven, room, cup, cradle, lamp, washing machine, umbrella, soap, floor, window, pool, door, sponge, stairs, desk.

El vaso	The glass
El cuchillo	The knife
El teléfono	The telephone
La taza	The cup
La cuchara	The spoon
La television	The television
La sartén	The pan
El sofá	The sofa
La mesa	The table
La puerta	The door
El escritorio	The desk
La silla	The chair
La cama	The bed
La cocina	The kitchen
La lámpara	The lamp
El espejo	The mirror
El piso	The floor
El horno	The oven
El dormitorio	The bedroom
El pared	The wall
La mesa y los platos	The table and the plates
La cama no es mía	The bed is not mine
Mis cucharas son blancas	My spoons are white
¿Tenemos vasos?	Do we have glasses?
Tengo un plato rosa	I have a pink plate

TIEMPO DE ENTRENAMIENTO

Las sillas son azules	The chairs are blue

Hererra come en la mesa	Hererra eats at the table
No, la cama no es de Juan	No, the bed is not Juan's
Tuco duerme en la cama	Tuco sleeps in the bed
¿Rodrigo duerme en una silla?	Does Rodrigo sleep on a chair?
Emilio lee en la silla	Emilio reads in the chair
¿Cuál es mi ventana?	Which one is my window?
El bebé duerme en la cuna	The baby sleeps in the crib
En la cocina	In the kitchen
¡No tenemos tazas!	We do not have cups!
Tengo tu television	I have your tv
Él tiene un teléfono rojo	He has a red telephone
La piscine no tiene agua	The pool does not have water
Una taza de leche	One cup of milk
Las ventanas son negras	The windows are black
¿Tienes una esponja?	Do you have a sponge?
El escritorio es de Javier	The desk belongs to Javier
Es su escritorio	It is your desk
Tengo una esponja amarilla	I have a yellow sponge
Tengo dinero en mi escritorio	I have money in my desk
Ustedes tienen una esponja?	Do you have a sponge?
Veo la esponja en la cocina	I see the sponge in the kitchen
¿Quieres una esponja para tu cocina?	Do you want a sponge for your kitchen?
Yo leo en el sótano	I read in the basement
La escalera es roja	The ladder is red

TIEMPO DE ENTRENAMIENTO

Veo un pájaro en el techo	I see a bird on the roof
Las paredes	The walls
Yo como en mi dormitorio	I eat in my bedroom
Moya cocina pollo en el horno	Moya cooks chicken in the oven
Las paredes son rojas	The walls are red
Limpia tu habitación	Clean your room
Yo no tengo lavadora	I do not have a washing machine
No tengo un refrigerador	I do not have a refridgerator
Mi cepillo es amarillo	My brush is yellow
Yo no tengo secadora	I do not have a dryer
Alberto limpia el baño	Alberto cleans the bathroom
Nosotros tenemos una secadora	We have a dryer
La lavadora	The washing machine
La sabana	The bed sheet
¿Es mi habitación?	Is it my room?
El quiere una lavadora	He wants a washing machine
Tienes una rasuradora?	Do you have a razor?
Tengo mi cartera	I have my wallet
Necesito jabón	I need soap
Los paraguas no son nuestros	The umbrellas are not ours
Las sabanas son amarillas	The sheets are yellow
¿Tenemos jabones amarillos?	Do we have yellow soaps?
Sara come jabón!	Sara eats soap!
La rasuradora es azul	The razor is blue
Yo lleno la taza con agua	I fill up the cup with water

TIEMPO DE ENTRENAMIENTO

MODO HISTORIA

ENGLISH

Hererra: "What are you doing in the basement?"

Michelle: "I'm looking for my phone."

"Have you checked behind that wall? I saw you standing by the window a while ago."

"I've checked it everywhere; Inside the washing machine, on the top of the desk, everywhere."

Hererra: "Where did you see it for the last time?"

Michelle: "On top of a folded sheet in my room."

Hererra: "Try to follow your steps from there."

Michelle: "Well, I was cleaning the bathroom mirror when my father called me to meet him." The call ended and I went to change the light bulb on the ceiling of my room. Then, I remembered that it was going to rain, and that I needed to clean the pool, I checked the inside of the closet for an umbrella and some soap.

After that, I went back to the kitchen and opened the refrigerator for some juice. I left the phone near a cup and some pans. There was also a knife on the kitchen table. I finished the glass of juice before returning to the room, where I decided to take a nap. That's all I remember."

Hererra: "I see, let's go back to the group and look for it together."

ESPAÑA

Hererra: "¿Qué estás haciendo en el sótano?"

Michelle: "Estoy buscando mi teléfono."

Hererra: "¿Has verificado detrás de esa pared? Te vi de pie junto a la ventana hace un rato."

"Lo he comprobado en todas partes; Dentro de la lavadora, en la parte superior del escritorio, en todas partes."

Hererra: "¿Dónde lo viste por última vez?"

Michelle: "Encima de una sábana doblada en mi habitación."

Hererra: "Trata de seguir tus pasos desde allí."

Michelle: "Bien, estaba limpiando el espejo del baño, cuando mi padre me llamó para conocerlo". La llamada terminó y fui a cambiar la bombilla del techo de mi habitación. Entonces, recordé que iba a llover, y que necesitaba limpiar la piscina, revisé el interior del armario por un paraguas y un poco de jabón.

Después de eso, volví a la cocina y abrí el refrigerador para un poco de jugo. Dejé el teléfono cerca de una taza y algunas sartenes. También había un cuchillo en la mesa de la cocina. Terminé el vaso de jugo antes de regresar a la habitación, donde decidí tomar una siesta. Eso es todo lo que recuerdo."

Hererra: "Ya veo, regresemos al grupo y lo busquemos juntos."

Capítulo 15

OCUPACIÓN

Palabras claves: Author, lawyer, cashier, student, judge, chef, boss, secretary, employees, police, colonel, king, doctor, captain, businessmen, commandante, baker, soldiers, poet, prince, artist, actor, driver, journalist, nurse, engineer, teacher, athletes, painter, guard, work, agent, priest, owner, profession, waiter.

El estudiante	The student
El jefe	The boss
El maestro	The teacher
El guardia	The guard
El doctor	The doctor
El soldado	The soldier
El rey	The king
La juez	The judge
El profesor	The professor
La policía	The police
Sara y Cristina son policías	Sara and Cristina are policewomen
Nosotros somos maestros	We are teachers
Necesito un doctor	I need a doctor
Los estudiantes comen pan	The students eat bread
¿Cuántos jefes tienes?	How many bosses do you have?
El es el secretario del rey	He is the king's secretary
Fredo es policía	Fredo is a policeman
Tienes una secretaria	You have a secretary
Las reinas no beben cerveza	Queens do not drink beer
La maestro come manzanas	The teacher eats apples
Ella es mi jefa	She is my boss
Mi tío y mi tía son doctores	My uncle and my aunt are doctors

La poeta escribe una carta	The poet writes a letter
Mi tío es el autor del libro	My uncle is the author of the book
Yo soy un empresario	I am a businessman

TIEMPO DE ENTRENAMIENTO

Las profesoras leen	The professors read
Yo no soy la profesora	I am not the professor
Patricia es la juez	Patricia is the judge
El artista	The artist
El capitán	The captain
El príncipe	The prince
El pintor	The painter
La granjera	The farmer
El cocinero	The cook
Soy periodista	I am a journalist
Él habla con la guardia	He speaks with the guard
El soldado come arroz	The soldier eats rice
¿Eres tu el autor?	Are you the author?
Mi papá es un poeta	My dad is a poet
Nosotros somos profesores	We are professors
Mi tío es un empleado	My uncle is an employee
¿Quiénes son tus abogados?	Who are your lawyers?
El coronel habla con los soldados	The colonel talks with the soldiers
No, Pedro no es actor, el es poeta	No, Pedro is not an actor, he is a poet
Ellos son artistas	They are artists
Tengo un abogado	I have a lawyer
Sus empleados escriben	His employees write
Mi hermana es mi abogada	My sister is my lawyer
Javier y Dani son artistas	Javier and Dani are artists
Carlos no es actor, el es estudiante	Carlos is not an actor, he is a student

TIEMPO DE ENTRENAMIENTO

Yo soy la dueña del perro	I am the owner of the dog
¿Quién es el agente?	Who is the agent?
Ellos son especialistas	They are specialists
El comandante come una naranja	The commander eats an orange
La carne es su especialidad	Meat is their specialty
Las artistas y las pintoras	The artists and the painters
El dueño tiene un caballo	The owner has a horse
Mi madre es especialista en pájaros	My mother is a specialist in birds
Sí, soy ingeniero y carpintero	Yes, I am an engineer and a carpenter
Sí, mi tío Salvio es agente	Yes, my uncle Salvio is an agent
Un sacerdote no bebe cerveza	A priest does not drink beer
Sí, Sergio es panadero	Yes, Sergio is a baker
Yo trabajo como maestro	I work as a teacher
No es mi profesión	It is not my profession
Los sacerdotes escriben libros	The priests write books
Mi tío no es granjero, el es panadero	My uncle is not a farmer, he is a baker
La sacerdotisa tiene un gato negro	The priestess has a black cat
Ella es panadera	She is a baker
Mi tía Rita es granjera	My aunt Rita is a farmer
Harry es un ingeniero Inglés	Harry is an English engineer
No, mi hermano Fred no es carpintero	No, my brother David is not a carpenter
Paul es sacerdote	Paul is a priest
Mi hija es mesera	My daughter is a waitress

Ellas no son atletas	They are not athletes
Ellos son cajeros	They are tellers

TIEMPO DE ENTRENAMIENTO

Mi novia es conductora	My girlfriend is a driver
¿Es ella mi enfermera?	Is she my nurse?
Yo trabajo como mesero	I work as a waiter
Los cocineros comen carne	The cooks eat meat
Su esposo es conductor	His spouse is a driver
Ellas son cajeras	They are cashiers
Roberto no es ingeniero, el es enfermero	Roberto is not an engineer, he is a nurse
Tu tío no es enfermero, el es cocinero	Your uncle is not a nurse, he is a cook
No, Leo y Sofia no son atletas	No, Leo and Sofia are not athletes
La practica es importante	Practice is important
Eso es mi asunto	That is my issue
El habla de sus principios	He speaks about his principles
Tienes una buena memoria	You have a good memory
Ella me explico los términos	She explained the terms to me
Solo cuenta el contenido	Only the content counts
Es tu creación	It is your creation
Nos vemos con frecuencia	We see each other frequently
Tengo acceso a su biblioteca	I have access to his library

TIEMPO DE ENTRENAMIENTO

MODO HISTORIA

ENGLISH

Rodrigo: "Where do your parents work?"

Esteban: "My father is a lawyer and my mother is a lawyer."

Rodrigo: "What about your brothers?"

Esteban: "My older sister works as a secretary, while my brother is a painter."

Rodrigo: "And you?"

Esteban: "I have published two books so far, so I can call myself an author."

Rodrigo: "Did you want to be something else while you were growing up?"

Esteban: "I wanted to be a lot of things, a judge, an artist, an actor, an engineer, a chef and even a soldier.

As for the last one, I saw many war movies when I was a child, and I liked weapons and their physique. That was the biggest attraction for me. However, my mother did not agree, I wanted her to be a doctor or professor at the university.

I did not imagine being a student for so long, so I read something else. When I finished school, my first job was a librarian and then a driver, and finally I got a job as an agent. These days, I do not need those jobs, since the income from my writings are now enough to pay my bills."

ESPAÑA

Rodrigo: "¿Dónde trabajan tus padres?"

Esteban: "Mi padre es abogado y mi madre es abogada."

Rodrigo: "¿Qué hay de tus hermanos?"

Esteban: "Mi hermana mayor trabaja como secretaria, mientras que mi hermano es pintor."

Rodrigo: "¿Y tú?"

Esteban: "He publicado dos libros hasta ahora, así que puedo llamarme un autor."

Rodrigo: "¿Querías ser otra cosa mientras estabas creciendo?"

Esteban: "Quería ser un montón de cosas, un juez, un artista, un actor, un ingeniero, un chef e incluso un soldado.

En cuanto a la última, vi muchas películas de guerra cuando era un niño, y me gustaban las armas y su físico. Esa fue la mayor atracción para mí. Sin embargo, mi madre no estuvo de acuerdo, quería que fuera doctora o profesora en la universidad.

No me imaginaba siendo un estudiante por tanto tiempo, así que leí algo más. Cuando terminé la escuela, mi primer trabajo fue un bibliotecario y luego un conductor, y finalmente conseguí un trabajo como agente. Estos días, no necesito esos trabajos, ya que los ingresos de mis escritos ahora son suficientes para pagar mis cuentas."

Capítulo 16

FECHAS Y TIEMPO

Palabras claves: Week, February, May, Thursday, November, hour, year, today, June, night, October, season, Tuesday, morning, spring, calendar, Monday, April, January, minute, September, Sunday, day, Friday, noon, summer, July, August, Wednesday, Saturday, March, yesterday, seconds, early morning.

El calendario	The calendar
La noche	The night
El verano	The summer
El cumpleaños	The birthday
El invierno	The winter
Lunes, Martes y el Miércoles	Monday, Tuesday, and Wednesday
Hoy es Lunes	Today is Monday
Mañana es Lunes	Tomorrow is Monday
Hoy es Viernes	Today is Friday
El Sábado y El Domingo	Saturday and Sunday
Mi tía Lydia vino ayer	My aunt Lydia came yesterday
Los Martes como queso	On Tuesdays I eat cheese
Mañana es Martes	Tomorrow is Tuesday
Los Miércoles bebo vino	On Wednesdays, I drink wine
Alberto bebe cerveza el Lunes, el Martes y el Miércoles	Alberto drinks beer on Monday, Tuesday, and Wednesday
En un año	In a year
Yo como durante el día	I eat during the day
Yo corro los Jueves	I run on Thursdays
Durante la noche	During the night
Los Sábados, comemos carne	On Saturdays, we eat meat
¿Cuántos anos tiene tu novio?	How old is your boyfriend?
Las noches son largas	The nights are long

Mi hijo, Mateo, tiene un año	My son Mateo, is one year old
¿Cuántos minutos?	How many minutes?
Es tarde	It is late

TIEMPO DE ENTRENAMIENTO

Semanas y meses	Weeks and months
Las horas del día	The hours of the day
In a month	En un mes
A veces voy, a veces no	Sometimes I go, sometimes not
A veces sí y a veces no	Sometimes yes and sometimes no
Los minutos de la hora	The minutes of the hour
February y Marzo son meses del año	February and March are months of the year
Mayo y Junio son meses del año	May and June are months of the year
En Julio	In July
En Abril	In April
Es Enero	It is January
La festa	The party
La madrugada	The dawn
La temporada	The season
La primavera	The spring
La estación	The station
Stefano paga en Julio	Stefano pays in July
Marzo, Abril, Mayo y Junio	March, April, May and June
Mi abuela no corre en Febrero	My grandmother does not run in February
Un Viernes de Mayo	One Friday in May
Agosto y Septiembre son meses del año	August and September are months of the year
Desde hoy	As of today
No corro desde Septiembre hasta Noviembre	I do not run from September until November
Deciembre es un mes	December is a month
No corro en Octubre	I do not run in October

TIEMPO DE ENTRENAMIENTO

Él escribe en Noviembre	He writes in November
No como pescado en Agosto	I do not eat fish in August
De Septiembre a Diciembre	From September to December
El invierno es una estación	Winter is a season
Necesito un segundo	I need a second
En un rato comemos	In a while we eat
Las festas no son mañana	The parties are not tomorrow
Los segundos del día	The seconds in the day
El invierno es largo	The winter is long
Yo camino en la mañana	I walk in the morning
Las vacaciónes son en Agosto	The vacation is in August
Yo como al mediodía	I eat at noon
No tenemos fecha	We do not have a date
Tengo una cita con ella hoy	I have an appointment with her today
La camisa es para el verano	The shirt is for the summer
Nosotros hablamos anoche	We spoke last night
Las cartas no tienes fechas	The letters do not have dates
Lola bebe jugo en la mañana	Lola drinks juice in the morning

TIEMPO DE ENTRENAMIENTO

MODO HISTORIA

ENGLISH

"January, February, March are the best months at my job."

"Why?"

"In January, the rains have stopped completely, and it is easier to clear the land for construction, the grass is dry and the weeds do not grow back quickly. In February, the price of iron and cement go down, so I buy everything I can. In March, I have a little more income that helps speed up work."

"I see, what happens in the other months?"

"The stones are cheaper in April, the work starts in June and continues until July, the rains arrive in August and are more intense in the months of September and October, we usually go on vacation in November and resume in December, after the Christmas holidays."

ESPAÑA

"enero, febrero, marzo son los mejores meses en mi trabajo."

"¿Por qué?"

"En enero, las lluvias se han detenido por completo, y es más fácil limpiar la tierra para la construcción. La hierba está seca y las malezas no vuelven a crecer rápidamente. En febrero, el precio del hierro y el cemento bajan, así que compro todo lo que puedo. En marzo, tengo un poco más de ingresos que ayudan a acelerar el trabajo."

"Ya veo, ¿qué pasa en los otros meses?"

"Las piedras son más baratas en abril. El trabajo comienza en junio y continúa hasta julio. Las lluvias llegan en agosto y son más intensas en los meses de septiembre y octubre. Por lo general, nos vamos de vacaciones en noviembre y reanudamos en diciembre, después de las vacaciones de Navidad."

11/18/2018

Capítulo 17

ADJETIVOS

Palabras claves: Sick, clean, original, superior, pending, probable, numerous, childish, sick, logical, broad, dirty, old, crazy, conscious, world, ideal, evil, immediate, covenant, pure, national, universal, prior, obscure, industrial, minimal, adequate.

Ella es joven y yo soy viejo	She is young and I am old
Tengo un pato bonito	I have a beautiful duck
Ellos son buenos estudiantes	They are good students
Ellos comen del mismo plato	They eat from the same plate
Tu haces buen trabajo	You do good work
Tu eres bilingüe	You are bilingual
Sí, ella es bonita	Yes, she is pretty
Ellos son hombres jóvenes	They are young men
Ella tiene las mismas tazas	She has the same cups
Es una jueza vieja	She is an old judge
Buena pregunta	Good question
La misma sopa	The same soup
Las manzanas son buenas	The apples are good
¿Es útil?	Is it helpful?
Es un libro nuevo	It is a new book
Eres major que yo	You are better than me
Los lámparas son feas	The lamps are ugly
Mi hermano menor	My younger brother
Soy mayor que mi hermana	I am older than my sister
No, tu eres la primera	No, you are the first
No somos nuevos	We are not new
Tenemos los mejores	We have the best
Nosotros son hermanos mayors	We are the older siblings

¿Es feo?	Is he ugly?
¿Quieres ropa nueva?	Do you want new clothing?

TIEMPO DE ENTRENAMIENTO

Si, es cierto	Yes, it is true
Eres una persona positiva	You are a positive person
Somos los últimos	We are the last
Sí, son reales	Yes, they are real
No es posible	It is not possible
Sí, es importante	Yes, it is important
Es el momento finale	It is the final moment
¡Tu no eres real!	You are not real!
Mis hermanos son importantes	My brothers are important
Él es un jefe positivo	He is a positive boss
La última noche es larga	The last night is long
Mañana es mi último día	Tomorrow is my last day
Es dura	It is hard
Los zapatos son necesarios	The shoes are necessary
Es una fiesta pública	It is a public party
La autora camina sola	The author walks alone
Eres popular entre los niños	You are popular with the children
Tú y yo somos differentes	You and I are different
Es mi teléfono personal	It is my personal telephone
Él camina solo	He walks alone
Un baño público	A public bathroom
No somos populares	We are not popular
No, ellas no son necesarias	No, they are not necessary
El plato es duro	The plate is hard
Ellos son empleados públicos	They are public workers

TIEMPO DE ENTRENAMIENTO

Somos altos y fuertes	**We are tall and strong**
Los colores principales	**The main colors**
Es un hombre capaz	**He is an able man**
Los animales son distintos	**The animals are distinct**
Yo veo la television local	**I watch local television**
Es seguro	**It is safe**
La puerta principal	**The main door**
Ella es una persona fuerte	**She is a strong person**
Somos distintas	**We are different**
Ella es tu única hermana	**She is your only sister**
No es sufficiente	**It is not enough**
Las siguientes semanas	**The following weeks**
Él es un actor profesiónal	**He is a professional actor**
Mi proprio hijo	**My own son**
Ella es peor que yo	**She is worse than me**
¿Qué es imposible?	**What is impossible?**
El vestido es simple	**The dress is simple**
Tengo mis propios perros	**I have my own dogs**
No somos actors profesiónales	**We are not professional actors**
Ellos tienen sus propias fiestas	**They have their own parties**
Él es malo	**He is bad**
Yo soy normal	**I am normal**
Ellos no son responsables	**They are not responsible**
No leo tantos libros	**I do not read as many books**
Es una noche clara	**It is a clear night**

TIEMPO DE ENTRENAMIENTO

Eres responsable	You are responsible
Ella es una mala estudiante	She is a bad student
Es justo	It is fair
Tus padres son ricos	Your parents are rich
Tengo un espejo plano	I have a flat mirror
Somos las próximas	We are the next
Es un minuto historico	It is a historic minute
Los colores son naturales	The colors are natural
Los diarios son recientes	The newspapers are recent
Soy rico	I am rich
La próxima hora	The next hour
El té es natural	The tea is natural
Es una semana histórica	It is a historic week
¿Quién es el próximo?	Who is next?
El diario es reciente?	Is the newspaper recent?
La lámpara es cara	The lamp is expensive
¿Vamos juntos?	Shall we go together?
Ella camina rápido	She walks fast
Ellos son intelligentes, ¿no?	They are intelligent, aren't they?
Es tradiciónal	It is traditional
La falda es barata	The skirt is cheap
Mis zapatos son caros	My shoes are expensive
Yo soy intelligente	I am intelligent
La semana pasada	The past week
El refrigerador es barato	The fridge is cheap

TIEMPO DE ENTRENAMIENTO

MODO HISTORIA

ENGLISH

Alvaro: "Let's play a game. It's called 'objective statements', and it means exactly that. The goal of the game is to make a statement using the word 'but' in five seconds, or drink from this bottle."

"I'll start."

"He's sick, but the room is clean."

"The book is strange, but special."

"The bottle is large, but the price is regular."

"It's old, but free to download."

"The dust is dark, but pure."

"Five is the minimum, but I have four."

"The maps are similar, but I'm lost."

Lola: "These shoes are good, but not original."

Alvaro: "These bags are classic but not superior."

"The car is dirty, but it is perfect."

"She is brilliant, but not famous."

"It is more difficult, but convenient."

"It is logical, but interesting."

"It is revolutionary, but not legal."

Lola: "My boyfriend is sweet, but also terrible."

ESPAÑA

Alvaro: "Vamos a jugar un juego, se lo llama 'declaraciones objetivas', y eso significa exactamente que. El propósito del juego es hacer una declaración usando la palabra" pero "en cinco segundos, o beber de esta botella."

"Yo Comienzo."

"Está enfermo, pero la habitación está limpia."

"El libro es extraño, pero especial."

"La botella es grande, pero el precio es regular."

"Es viejo, pero gratis de descargar."

"El polvo es oscuro, pero puro."

"Cinco es el mínimo, pero tengo cuatro."

"Los mapas son similares, pero estoy perdido."

Lola: "Estos zapatos son buenos, pero no originales."

Alvaro: "Estas bolsas son clásicas, pero no superiores."

"El auto está sucio, pero es perfecto."

"Ella es brillante, pero no famosa."

"Es más difícil, pero conveniente."

"Es lógico, pero interesante."

"Es revoluciónario, pero no legal."

Lola: "Mi novio es dulce, pero también terrible."

Capítulo 18

NÚMEROS

Palabras claves: Number, two, three, four, five, six, seven, eight, nine, ten, eleven, twelve, thirteen, fourteen, fifteen, twenty, thirty, forty, fifty, sixty, seventy, thousand, tons, double, meters, half, kilometers, third, thousands, third, million.

Uno	One
Dos	Two
Tres	Three
Cuatro	Four
Cinco	Five
Seis	Six
Siete	Seven
Ocho	Eight
Nueve	Nine
Diez	Ten
Once	Eleven
Doce	Twelve
Trece	Thirteen
Catorce	Fourteen
Quince	Fifteen
Dos y cuatro son seis	Two and four are six
Dos y seis son ocho	Two and six are eight
Cinco mujeres	Five women
Ellos ven seis elefantes	They see six elephants
Cuatro manzanas	Four apples
Página cinco	Page five
Tenemos ocho páginas	We have eight pages
Tengo cuatro dólares	I have four dollars
Cinco manzanas	Five apples
Tengo dos hermanas	I have two sisters

TIEMPO DE ENTRENAMIENTO

Veinte	Twenty
Treinta	Thirty
Cuarenta	Fourty
Alberto tiene diez sombreros	Alberto has ten hats
Alfredo tiene nueve zapatos rojos	Alfredo has nine red shoes
Él come doce manzanas	He eats twelve apples
Nosotros tenemos trece personas	We have thirteen people
Catorce días	Fourteen days
La bandera tiene quince colores	The flag has fifteen colors
Somos once personas	We are eleven people
Yo tengo trece gatos	I have thirteen cats
Él tiene doce hijos	He has twelve sons
Catorce primos	Fourteen cousins
Tengo quince anos	I am fifteen years old
Las próximas doce horas	The next twelve hours
Yo como la cena a las nueve	I eat dinner at nine
Diez minutos	Ten minutes
El número es alto	The number is high
Cuatro hombres	Four men
Cinco coches blancos	Five white cars
Treinta y seis naranjas de Asia	Thirty six oranges from Asia
Maria tiene cuarenta y cuatro pingüinos	Maria has fourty four penguins
Treinta y cinco personas de Italia	Thirty five people from Italy
Sergio tiene cuarenta y tres animales	Sergio has fourty three animals
Setenta y una zanahorias	Seventy one carrots

TIEMPO DE ENTRENAMIENTO

Mitad	Half
Metros	Meters
Million	Millón
Thousand	Mil
Un par de zapatos	A pair of shoes
El hombre tiene sesenta anos	The man is sixty years old
Hace cinquenta anos	Fifty years ago
Lola tiene cuarenta y ocho zapatos rosa	Lola has fourty eight pink shoes
No tengo tu número	I do not have your number
Siete es su número	Seven is her number
Miles de kilómetros	Thousands of kilometers
Un metro	A metre
Ella tiene dos mi libros	She has two thousand books
Es un millón de dólares	It is a million dollars
Es un buen par de zapatos	It is a good pair of shoes
Cinco metros	Five meters
La ciudad tiene una población de dos millones de personas	The city has a population of two million people
Es un doble agente	She is a double agent
Tenemos una tercera hija	We have a third daughter
Él come toneladas des pescado	He eats tons of fish
El tercero	The third
Es tu mitad	It is your half
Hoy es el tercer día	Today is the third day
Estudiantes pagan la mitad	Students pay half
Cinco maestros	Five teachers

TIEMPO DE ENTRENAMIENTO

MODO HISTORIA

ENGLISH

"Can you remember what we learned yesterday, Patrice?" Niko asked.

"If you can, then half of my work is already done. If you can not do it, you should duplicate your efforts if you want to pass the exam."

"Yes, I can." said Patrice.

"Well, remind me."

"Two plus two is four, three plus one is four, five minus one is equal to four, eight divided by two is also equal to 4. This shows that several combinations of numbers can give you number four, and that there are many ways to do the same."

"Good. Let's focus on more of them, starting with number six. What can you tell me about number six?" Niko asked.

"Six plus one is equal to seven, six plus three is nine, six plus four equals ten equals seven, six plus five equals eleven, six multiplied by two equals twelve. Thirteen minus seven equals six, and nine plus one equals ten."

"Well done Patrice, now answer these questions, if I have fourteen followers on Snapchat and you have fifteen, what is the total sum of both followers?"

"Twenty-nine followers." Patrice replied.

ESPAÑA

"¿Puedes recordar lo que aprendimos ayer, Patrice?" Niko preguntó.

"Si puedes, entonces la mitad de mi trabajo ya está hecho. Si no puede hacerlo, debe duplicar sus esfuerzos si desea aprobar el examen."

"Si, puedo." dijo Patrice.

"Bueno, recuérdame."

"Dos más dos es cuatro, tres más uno es cuatro, cinco menos uno es igual a cuatro, ocho dividido por dos también es igual a 4. Esto muestra que varias combinaciones de números pueden darle el número cuatro, y que hay muchas maneras para hacer lo mismo."

"Bueno. Vamos a centrarnos en más de ellos, comenzando con el número seis. ¿Qué me puedes decir sobre el número seis?"

"Seis más uno es igual a siete, seis más tres es nueve, seis más cuatro es igual a diez es igual a siete, seis más cinco es igual a once, seis multiplicado por dos es igual a doce. Trece menos siete es igual a seis, y nueve más uno es igual a diez."

"Bien hecho Patrice, ahora responde estas preguntas, si tengo catorce seguidores en Snapchat y tienes quince, ¿cuál es la suma total de ambos seguidores?" Niko preguntó.

"Veintinueve seguidores". Patrice respondió."

10 20 30 40 50
60 70 80 90 100

Capítulo 19

PAÍSES

Palabras claves: Spain, Mexico, China, France, England, Argentina, America, Paris, Rome, Europe, Spanish, Mexican, International, English, Italian, European, American, British, Foreign, North American.

Mi padre es Argentino	My father is Argentinian
Mi vecino es Europeo	My neighbor is European
La policía Norteaméricana	The North American police
Las mujeres Españolas	The Spanish women
Soy un ciudadano Francés	I am a French citizen
Los doctores internaciónales	The international doctors
Ella come comida China	She eats Chinese food
Mis padres son Franceses	My parents are French
Estas camisas son Europeas	These shirts are European
Es cerveza Española	It is Spanish beer
Yo soy Norteamericano	I am North American
A él le gusta el arroz Chino	He likes Chinese rice
Me gusta la comida Francesa	I like French food
El hombre es Británico	The man is British
Es un plato Cubaño	It is a Cuban dish
Los hombres Mexicanos	The Mexican men
Él es un pintor Italiano	He is an Italian painter
Él es Americano	He is American
Es un barco Inglés	It is an English ship
Soy estadounidense	I am American
¿Eres Mexicano?	Are you Mexican?
Mi madre es Inglésa	My mother is English
Él no es Americano	He is not an American

Bienvenido a México!	Welcome to Mexico!
Mi hermano Gustavo es de España	My brother Gustavo is from Spain

TIEMPO DE ENTRENAMIENTO

No estoy en Italia, estoy en Argentina	I am not in Italy, i am in Argentina
De Alemania, Italia, y Francia	From Germany, Italy and France
La capital de España es Madrid	The capital of Spain is Madrid
Martina y Lola son meseras en Francia	Martina and Lola are waitresses in France
Salvador no es de Italia, el es de Argentina	Salvador is not from Italy, he is from Argentina
Buenos días, bienvenido a España	Good morning, welcome to Spain
Yo tengo un amigo en Inglaterra	I have a friend in England
El extranjero	The foreigner
China es enorme	China is enormous
Soy de Inglaterra	I am from England
China es un gran país	China is a great country
Él es un extranjero	He is a foreigner
Vivimos en differentes regiones de Inglaterra	We live in different regions of England
¿Está por Europa?	Is it around Europe?
Roma no es muy grande	Rome is not very big
Ellos regresan a América	They return to America
Te gusta caminar por París	You like to walk around Paris
Mi ropa viene de París	My clothes come from Paris
Ella está en América	She is in America
Ella llegó a Europa	She arrived in Europe
Roma es una ciudad Italiana	Rome is an Italian city
Mañana, voy a París	Tomorrow, I go to Paris

América es muy grande	America is very big
El traje está limpio	The suit is clean
Usted está cansada	You are tired

TIEMPO DE ENTRENAMIENTO

La puerta está abierta	The door is open
No soy un hombre enfermo	I am not a sick man
Soy una persona regular	I am a regular person
Mi ropa está sucia	My clothes are dirty
Yo no estoy diponible	I am not available
Un trabajador cansado	A tired worker
Ella está enferma	She is sick
El aceite está sucio	The oil is dirty
Estoy limpia	I am clean
¿Estan abiertos los Domingos?	Are they open on Sunday?
Las ventanas están abiertas	The windows are open
¿Cuál es la distancia máxima?	What is the maximum distance?
Es universal	It is universal
Muy interesante	Very interesting
La calle es amplia	The street is wide
Estoy perdido	I am lost
Los niños son muy especiales	The children are very special
Me gustan los hombres intelectuales	I like intellectual men
Ella es una mujer interesante	She is an interesting woman
El niño esta perdido	The boy is lost
Él es un hombre moderno	He is a modern man
Es muy común	It is very common
El terreno ideal	The ideal terrain
Él tiene múltiples camisas	He has multiple shirts
Ellos son independientes	They are independent

TIEMPO DE ENTRENAMIENTO

Tenemos una cultura extraña	We have a strange culture
Ella tiene númerosos sombreros	She has many hats
Eres una madre moderna	You are a modern mother
Estos vestidos son comun	These dresses are common
Un individuo extraño llamó	A strange individual called
Me gustan los edificios modernos	I like modern buildings
Es un excelente pareja	It is an excellent pair
Esta ciudad es industrial	This city is industrial
Ella es una persona lógica	She is a logical person
Ella es una verdadera madre	She is a true mother
La población mundial	The world's population
Los diarios naciónales	The national newspapers
Ella se siente superior a él	She feels superior to him
¿Cuál es el pájaro naciónal?	What is the national bird?
Eso es perfectamente lógico	That is perfectly logical
Unos estudiantes es superiores	Some students are superior
Ahora puedo ver quiénes son mis verdaderos amigos	Now i can see who my real friends are
Aquí no es profundo	Here is not deep
Tu eres muy infantil	You are too childish
Es azúcar puro	It is pure sugar
Eres la persona adecuada	You are the suitable person
No es mal	It is not bad

Es oscuro en la calle	It is dark in the street
Ella es una mujer original	She is an innovative woman
El café es puro	The coffee is pure

TIEMPO DE ENTRENAMIENTO

El agua es profunda y clara	The water is deep and clear
Este menú no es adecuado	This menu is not suitable
Estás loco	You are crazy
Esas camisas son similares	Those shirts are alike
No muy dulce	Not too sweet
Es eléctrico	It is electric
Esto lo hace menos probable	This makes it less likely
Estoy consciente	I am conscious
Muchos libros antiguos	A lot of ancient books
Es similar al pollo	It is similar to chicken
Mi hermano tiene un coche antiguo	My brother has an antique car
Ella tiene una moto eléctrica	She has an electric bike
Es un auto clásico	It is a classic car
Soy un actor famoso	I am a famous actor
No es conveniente	It is not convenient
Es terrible	It is terrible
Soy muy particular	I am very particular
Simple, pero eficaz	Simple, but effective
Sin familia inmediata	Without immediate family
No, no es conveniente	No, it is not convenient
Es un vestido clásico	It is a classical dress
La comida es terrible	The food is terrible
Él es una persona negativa	He is a negative person
El arroz esta escaso de sal	The rice lacks salt
Un número elevado de personas	A large number of people

TIEMPO DE ENTRENAMIENTO

Eres absolutamente brillante	You are absolutely brilliant
No es revoluciónario	It is not revolutionary
Tengo una cita previa	I have a previous appointment
Tenemos una cita pendiente	We have a pending date
El agua es escasa	The water is scarce
Ellas son personas revoluciónarias	They are revolutionary people
Un animal vivo	A living animal
Nosotros no somos difíciles	We are not difficult
Este jugo es acido	This juice is sour
El hotel tiene lo básico	The hotel has the basics
Es una fiesta privada	It is a private party
El perfecto compañero	The perfect peer
No es la distancia minima	It is not the minimum distance
Los colores parecen vivos	The colors seem alive
Fiestas privadas	Private parties
Mi libro es dificil	My book is difficult
Él hace el trabajo mínimo	He does minimal work
Estos libros son básicos	These books are elementary
Es un puerto privado	It is a private port
Él no es femeniño	He is not feminine
El niño esta débil	The boy is weak
Ellas parecen iguales	They look the same
Ahora estoy tranquilo	Now I am calm
Es sencillo escribir	It is simple to write
Este pantalon es muy formal	These pants are very formal

TIEMPO DE ENTRENAMIENTO

Tengo los Sábados libres	I have Saturdays free
¿Son ellos legales?	Are they legal?
Tus padres están presentes	Your fathers are present
Ella es una mujer tranquila	She is a calm woman
Hoy estoy libre	I am free today
El juez dijo que no es legal	The judge said that it's not legal
Porque soy un hombre malo	Because I am a bad man
La mayoría son mujeres	The majority are women
Ellos no son hombres tradiciónales	They are not traditional men
No es cara	It is not expensive
No, no normalmente	No, not normally
Quiero pan pero no quiero agua	I want bread but I don't want water
Tres y dos son cinco	Three and two is five
La nación es grande	The nation is big
¿Puedes hablar más despacio, por favor?	Can you speak more slowly please?
Me gusta la cerveza, pero no la bebo	I like beer, but i do not drink it
El también dinero de los diarios	He also obtained money from the newspapers
No, actualmente no	No, currently no
Durante la noche, yo descanso	During the night, i rest
Nosotros vamos a pensar en ustedes	We are going to think about you

MODO HISTORIA

ENGLISH

Dear Martina,

As I had promised before I left, I write this letter to inform you about my trips. As you know, I am on a mission to visit eight countries in three months, and I am already halfway through.

The last two months have been almost like a dream. So far, I have been to Spain, Mexico and China, and I am currently writing to you from a hotel in Paris, France. I still have the beautiful cities of Venice and Rome to see in Italy, the city of London in England, Buenos Aires in Argentina and New York in the United States.

Do not worry, I do not feel like a stranger here. Every day, hundreds of tourists arrive in the city from the airport and the Gare du Nord train station, which is very close to where I stay. The city is welcoming to all foreigners, and I am definitely enjoying my short stay here.

I was able to communicate by speaking a little English, and studying *The Simplest Way To Learn French*. I also made some friends here; an American, a Mexican and an Italian. Without a doubt, I will find time to visit them after this trip.

I wish you were here and I can not wait to see you again.

See you next month. Love, Lola

ESPAÑA

Querida Martina,

Como había prometido antes de irme, escribo esta carta para informarle sobre mis viajes. Como ya saben, estoy en una misión para visitar ocho países en tres meses, y ya estoy a la mitad.

Los últimos dos meses han sido casi como un sueño. Hasta ahora, he estado en España, México y China, y actualmente estoy escribiéndote desde un hotel en París, Francia. Todavía tengo las hermosas ciudades de Venecia y Roma para ver en Italia, la ciudad de Londres en Inglaterra, Buenos Aires en Argentina y Nueva York en los Estados Unidos.

No te preocupes, no me siento como un extraño aquí. Todos los días, cientos de turistas llegan a la ciudad desde el aeropuerto, y la estación de tren Gare du Nord, que está muy cerca de donde me hospedo. La ciudad es acogedora para todos los extranjeros, y definitivamente estoy disfrutando de mi corta estadía aquí.

Pude comunicarme hablando un poco de inglés y estudiando *The Simple Way To Learn French*. También hice algunos amigos aquí; un estadounidense, un mexicano y un italiano. Sin duda, encontraré tiempo para visitarlos después de este viaje.

Ojalá estuvieras aquí y no puedo esperar para verte nuevamente.

Te veo el mes que viene. Amor, Lola

Capítulo 20

PRONOMBRES

Palabras claves: Someone, nobody, you, none, several, something, my, any, nothing, everything, that, both, some, others, with me, one, this.

No por mí	Not by me
Me gustan ambos	I like both
Usted negó todo	You denied everything
No vi a nadie	I did not see anybody
¿Tienes algo de leche	Do you have some milk
Otra lo mira a el	Another one looks at him
Yo comí varias veces	I ate a lot of times
Ambas son mis hijas	They are both my daughters
Ese pollo pertenece a otros	That chicken belongs to others
Todos están aquí hoy	Everyone is here today
Otro más, por favor	One more please
Todas me oyen	Everbody hears me
Exactamente como las otras	Exactly like the others
Es para ti	It is for you
Ella ganan más que yo	She earns more than me
Alguien está en la puerta	Someone is at the door
Ninguno de esos tres	None of those three
No hablamos con cualquiera	We do not talk to just anyone
Él siempre está conmigo	He is always with me
Uno de ellos	One of them
Visita alguna de ellos	Visit one of them
De momento, ninguno	At this moment, none of them
Esos son tus colores	Those are your colors
Este no es mi dormitorio	This is not my bedroom

Una mesa para uno, por favor	A table for one please

TIEMPO DE ENTRENAMIENTO

Tu no ofreces nada	You offer nothing
Esa es una taza	That is a cup
Estas son bicicletas	These are bicycles
Una habitación de hotel	A hotel room
Esta es una ciudad histórica	This is a historic city
Ella me sigue	She follows me
Ese es un niño	That is a child
Estos son gatos	These are cats
Caminamos seis kilómetros	We walked for six kilometers
Esto esta por terminar	This is about to finish
La rueda es enorme	The wheel is huge
Dónde paso	Where did it happen?
El perdio	He lost
Eso la inicio	That initiated it
El abrió la ventana	He opened the window
Esta posiblemente peor	It is possibly worse
Ven aqui immediatemente	Come here immediately
Ellas trabajan siempre juntas	They always work together
Ustedes van a controlar el coche	You are going to control the car
Ella me alcanzo	She reached me
Yo vivo en mi casa	I live in my house
Lo tome	I took it
Cualquier dia menos el lunes	Any day but Monday
Pago con tarjeta	I pay with a card
Los voy a contar	I am going to count them

MODO HISTORIA

ENGLISH

Mr. Laurent: "Where are the puppies? Someone is here to buy them."

Miss Alessia: "Thank you for your help, but I have not decided to sell yet, a part of me is still attached to them, almost as if they were my own human babies."

Mr. Laurent: "Well, do not take too much time, because until now, I could not find anyone willing to buy at that price. None of the previous clients returned after the first offer. Someone else would have sold those puppies to the first two offers."

Miss Alessia: "Do I have to sell them all?"

Mr. Laurent: "Listen, I do not think you should let this one go, you have nothing to lose, both parents are still young, you can always reproduce more."

Miss Alessia: "You're right, but as I said before, they're special to me. One of them in particular. The others do not eat as much as he does, and that is why he is my favorite. I would like to have that one with me and sell the rest."

Mr. Laurent: "I understand; I'm going to restart the negotiations."

ESPAÑA

Sr. Laurent: "¿Dónde están los cachorros? Alguien está aquí para comprarlos."

Señorita Alessia: "Gracias por su ayuda, pero aún no he decidido vender, una parte de mí todavía está unida a ellos, casi como si fueran mis propios bebés humanos."

Sr. Laurent: "Bueno, no tome demasiado tiempo, porque hasta ahora, no podía encontrar a nadie dispuesto a comprar a ese precio. Ninguno de los clientes anteriores regresó después de la primera oferta. Alguien más habría vendido esos cachorros a las dos primeras ofertas."

Señorita Alessia: "¿Tengo que venderlos todos?"

Sr. Laurent: "Escuche, no creo que deba dejar ir esta, no tiene nada que perder, ambos padres aún son jóvenes, siempre puede reproducirse más."

Señorita Alessia: "Tiene razón, pero como dije antes, son especiales para mí. Uno de ellos en particular. Los otros no comen tanto como él, y es por eso que él es mi favorito. Me gustaría tener ese conmigo y vender el resto."

Sr. Laurent: "Entiendo, voy a reiniciar las negociaciones."

Capítulo 21

DIRECCIONES

Palabras claves: Step, left, direction, right, north, exit, arrival, end, orientation, side, entrance, position, exterior, center, south.

Alemania está en el centro de Europa	Germany is at the center of Europe
La derecho	The right
El lado	The side
El exterior	The exterior
La izquierda	The left
Veo la entrada	I see the ticket
Me gusta esa posición	I like that position
Yo giro a la derecha	I turn to the right
El centro	The center
Nuestro viaje ese en Septiembre	Our trip is in September
¿Dónde está la salida?	Where is the exit?
La búsqueda	The search
La orientación	The orientation
A mi no me gusta el tráfico	I do not like the traffic
Salimos juntos cada fin de semana	We go out together every weekend
Su llegada es a las tres	Her arrival is at three
Estoy es un viaje	I am on a trip
La salida está aquí	The exit is here
El perdió la orientación	He lost his direction
El rumbo	The course
La señal	The signal
Al sur	To the south
Ellos vuelan al norte	They fly to the north
Oigo los pasos del bebé	I hear the baby's footsteps
Yo le di a el mi dirección	I gave him my address

TIEMPO DE ENTRENAMIENTO

MODO HISTORIA

ENGLISH

Rodrigo: "My new book is about to be released, and I launched a treasure hunt as part of my marketing campaign. Are you interested in participating? The winner gets a free copy of my book, a Kindle reader and a little ice cream."

Sergio: "Yes, I am, where do I start?"

Rodrigo: "At the pharmacy on 22nd Street, but you must first look for it. This is a map with instructions on how to get there. Start with this area called point A."

"From there, follow the steps to your current position. Keep moving to the left until you reach a bakery with a red exterior. There is a street on the other side of the bakery, enter it and move to a tall black building. The building has three doors through which you can enter, take the one in the center."

"Using the map as your orientation, continue south until you reach your exit at the other end. Outside, there are cameras at different angles that you can not miss. Wait for a sign there."

ESPAÑA

Rodrigo: "Mi nuevo libro está a punto de ser lanzado, y he lanzado una búsqueda del tesoro como parte de mi campaña de marketing. ¿Está interesado en participar? El ganador obtiene una copia gratuita de mi libro, un lector de Kindle y un poco de hielo crema."

Sergio: "Sí, lo soy, ¿por dónde empiezo?"

Rodrigo: "En la farmacia de la calle 22, pero primero debes buscarlo. Este es un mapa con instrucciones sobre cómo llegar allí. Comience con esta área llamada punto A."

"A partir de ahí, siga los pasos hacia su posición actual. Sigue moviéndote hacia la izquierda hasta llegar a una panadería con un exterior rojo. Hay una calle al otro lado de la panadería, ingrésela y muévase hacia un alto edificio negro. El edificio tiene tres puertas a través de las cuales puede ingresar, tomar la que está en el centro."

"Usando el mapa como su orientación, continúe hacia el sur hasta que llegue a su salida en el otro extremo. Afuera, hay cámaras en diferentes ángulos que no te puedes perder. Espera una señal allí."

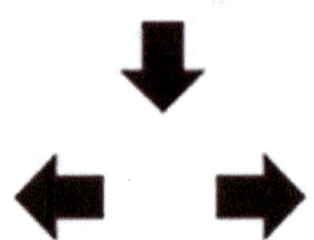

Capítulo 22

EDUCACIÓN

Palabras claves: College, explains, sum, history, academy, grades, discussion, title, education, knowledge, material, study, section, game, answer, absence, level, problem, reading, class, courses, task, chapter, examples.

La historia	The history
El ejemplo	The example
El tema	The theme
La respuesta	The reply
La profesora explica el problema	The professor explains the problem
Yo estoy en el nivel tres	I am in level three
Él tiene una buena educación	He has a good education
¿Puedes dar algunos ejemplos?	Can you give some examples?
El suma los números	He adds the numbers
Esas historias son reales	Those stories are real
Tenemos un problema	We have a problem
Él va al colegio a las siete	He goes to school at seven
Ella comienza un nuevo curzo	She starts a new course
Es buen material	It is good material
Yo pago tus estudios	I pay for your studies
Ese libro no tiene título	That book does not have a title
Eso solo tiene tres grados	That only has three degrees
No tengo respuestas	I do not have answers
El tercer grado	The third grade
Vivo en un studio	I live in a studio
Yo oigo la lectura del capítulo	I listen to the reading of the chapter
¿Cuántas ausencias tienes?	How many absences do you have?

Ella es la major de su clase	She is the best of her class
Esta tarea es dura	This task is hard
Poseen una inteligencia baja	They possess a low intelligence

TIEMPO DE ENTRENAMIENTO

Ella le lee un libro a el	She reads him a book
Él toma dos clases	He takes two classes
Es solo un juego	It is only a game
Es una larga ausencia	It is a long absence
Es un capítulo de su libro	It is a chapter of her book
Es un discusión familiar	It is a family discussion
El intento una solución	He tried a solution
Ella estudia en la academia	She studies at the academy
¿Cómo es la facultad?	How is the faculty?
Es una nueva sección	It is a new section
El ganó cuatro premios	He won four awards
Gracias por tu explicación	Thank you for your explanation
Ella tiene muchos conocimientos	She is very knowledgeable
No tengo soluciónes	I have no solutions
Hablamos sobre muchos temas	We talked about many subjects
Ella ganó el premio la semana pasada	She won the prize last week
La gente quiere explicaciónes por lo que paso	The people want explanations for what happened
Gracias por la información	Thanks for the information

MODO HISTORIA

ENGLISH

Ramon: "I need you to explain something to me, the numbers I got do not add up, I just need some examples of this in practice, I can continue from there."

Miranda: "Why did not you ask the teacher? Did you skip class that day?"

Ramon: "You're right, and that's why I need your help. Also, you have more knowledge about the subject."

Miranda: "In fact, you've been absent twice, I've been counting."

Ramon: "I will not skip class again, from now on, I promise."

Miranda: "Today I have a book reading and I have to be at school at seven. Teachers at my school do not allow newcomers to enter their class. Let's postpone this until lunch time. We can meet at the academy."

Ramon: "Thank you for your help."

ESPAÑA

Ramon: "Necesito que me expliques algo, los números que obtuve no suman, solo necesito algunos ejemplos de esto en la práctica, puedo continuar a partir de ahí."

Miranda: "¿Por qué no le preguntaste a la maestra? ¿Te saltaste la clase ese día?"

Ramon: "Tienes razón, y es por eso que necesito tu ayuda. Además, tienes más conocimiento sobre el tema."

Miranda: "De hecho, has estado ausente dos veces, he estado contando."

Ramon: "No saltearé clase otra vez, de ahora en adelante, lo prometo."

Miranda: "Hoy tengo un libro leyendo y tengo que estar en la escuela a las siete. Los profesores de mi escuela no permiten que los recién llegados entren a su clase. Pospongamos esto hasta la hora del almuerzo. Podemos encontrarnos en la academia."

Ramon: "Gracias por tu ayuda."

Capítulo 23

NATURALEZA

Palabras claves: Mountain, grass, sky, sun, moon, wind, pink, leaves, heat, air, nature, cells, field, star, space, forest, flowers, tree, plant, volcano, species, sea, river, rain, sand, fire, bone, planet, roots, stone, climate, specie, landscape.

El fuego	The fire
El gas	The gas
El sol	The sun
La especie	The specie
La piedra	The stone
El campo	The field
El rio	The river
El cielo	The sky
El mar	The sea
La tierra	The earth
La evolución	The evolution
Maria nada en el mar	Maria swims in the sea
A Martina le gusta tocar las flores	Martina likes to touch the flowers
Andres toca las flores de tu casa	Andres touches the flowers from your house
Ustedes ven el cielo	You all see the sky
El arbol es verde	The tree is green
Ellos ven la luna	They see the moon
El pasto es verde	The grass is green
¿Está el sol en el cielo?	Is the sun in the sky?
Entonces es un volcán	Then it is a volcano
Soy el rey del mundo	I am the king of the world
Ayer yo no vi la lluvia	Yesterday I did not see the rain
La luz viene del oeste	The light comes from the west
En que mundo estas?	In what world are you?

Dani juega con un caballo de madera	Dani plays with a wooden horse

TIEMPO DE ENTRENAMIENTO

Las celulas	The cells
La hoja	The leaf
El viento	The wind
La estrella	The star
El humo	The smoke
La arena	The sand
La planta	The plant
La rosa	The rose
El paisaje	The scenery
El espacio	The space
La montaña	The mountain
El ambiente	The environment
Sergio tiene un caballo de madera	Sergio has a wooden horse
Hace calor hoy	It's hot today
Él vive del aire	He lives from the air
La naturaleza es nuestra madre	Nature is our mother
Yo tengo calor	I am hot
El campo es verde	The field is green
Hablamos del clima	We speak about the climate
Estoy solo en este planeta	I am alone on this planet
Es un gran universo	It is a big universe
Piedra, papel, tijeras	Rock, paper, scissors
Me gusta el clima	I like the weather
Voy a la montaña	I go to the mountain
Yo en el bosque	I am in the forest

TIEMPO DE ENTRENAMIENTO

Él vive solo en el bosque	He lives alone in the forest
Yo estoy en el bosque	I am in the forest
Las raíces necesitan agua	The roots need water

Yo veo humo en la cocina	I see smoke in the kitchen
Hoy, vi una estrella	Today, I saw a star
Me gusta el viento	I like the wind
Las corrientes son fuertes	The currents are strong
No es arena	It is not sand
Los espacios son grandes	The spaces are large
Usted puso una rosa en la cama	You put a rose on the bed
La cama ocupa mucho espacio	The bed takes up a lot of space
Esta rosa es bonita	This rose is pretty
La arena es blanca	The sand is white
No es arena	It is not sand
Ella los encuentra	She finds them
El hombre se come una manzana	The man eats an apple
La mujer se come la manzana	The woman eats the apple
Los niños comen la sopa	The children eat the soup
La niña se come una manzana	The girl eats an apple
El niño se come una manzana	The child eats an apple
Ella se come una manzana	She eats an apple
El no se siente bien	He does not feel well
Ella se siente bien	She feels well
Todo lo bueno se acaba	All good things must come to an end
Es una region sin agua	It is a region without water
Te digo	I tell you
Yo como una manzana	I eat an apple

TIEMPO DE ENTRENAMIENTO

MODO HISTORIA

ENGLISH

Maria: "Thanks for the flowers, I've been looking for this specie of roses everywhere, what's it called and where did you get it from?"

Halima: "This species is called desert rose. The desert is its natural habitat, hence the name. I got them from the field near the mountains of Santander, and I started to cultivate them in my garden, but I discovered that it would be completely impossible here."

Maria: "Why are you saying this?"

Halima: "Personal experience, it rains a lot and there are many forests, this plant has a lot of sun and sand, it will never survive in that kind of climate."

Maria: "That's unfortunate."

Halima: "It's for this reason that I brought them here." The air is hot and the grass dries quickly."

Maria: "It is true, over the years, there has been a series of forest fires outside the city and neighboring cities, we have not been affected because there are almost no trees left."

Halima: "I see."

Maria: "Thanks again, I really appreciate the gesture."

Halima: "You're welcome."

ESPAÑA

Maria: "Gracias por las flores, he estado buscando esta especie de rosas en todas partes, ¿cómo se llama y de dónde has sacado?"

Halima: "Esta especie se llama rosa del desierto. El desierto es su hábitat natural, de ahí el nombre. Los obtuve del campo cerca de las montañas de Santander, y comencé a cultivarlos en mi jardín, pero descubrí que sería completamente imposible aquí."

Maria: "¿Por qué estás diciendo esto?"

Halima: "Experiencia personal, llueve mucho y hay muchos bosques, esta planta tiene mucho sol y arena, nunca sobrevivirá en ese tipo de clima."

Maria: "Eso es desafortunado."

Halima: "Es por esta razón que los traje aquí". El aire está caliente y la hierba se seca rápidamente."

Maria: "Es verdad, a lo largo de los años, ha habido una serie de incendios forestales fuera de la ciudad y las ciudades vecinas, no hemos sido afectados porque casi no quedan árboles."

Halima: "Ya veo."

Maria: "Gracias de nuevo, realmente aprecio el gesto."

Halima: "De nada."

Capítulo 24

FLIRTEADOR

Palabras claves: For, when, eyes, sky, in love, you, girlfriend, in, often, you are, like, hello, boyfriend, you want, number.

Novio	**Boyfriend**
Novia	**Girlfriend**
Enamorada	**Love**
¿Quieres salir conmigo?	**Do you want to go out with me?**
Me gustas mucho	**I like you a lot**
¿En tu casa o en la mia?	**Your place or mine?**
¿Eres modelo?	**Are you a model?**
¿Me das tu número?	**Can I get your number?**
¿Te perdiste? El cielo está muy lejos de aqui	**Are you lost? Heaven is a long way from here.**
No estoy borracho, solo intoxicado por ti	**I'm not drunk, I'm just intoxicated by you**
¿Por qué no vamos a un sitio más tranquilo?	**Why don't we go somewhere more quiet?**
¿Quieres bailar conmigo?	**Do you want to dance with me?**
Eres tan dulce, me duelen los dientes	**You're so sweet, my teeth hurt**
¿Te gustaria ir a tomar un café?	**Would you like to go get a cup of coffee?**
¿Vienes aqui a menudo?	**Do you come here often?**
¿Cuál es tu nombre?	**What's your name?**
¿Quieres ser mi novio?	**Do you want to be my boyfriend?**
Hola, guapo	**Hello, handsome**
¿Puedo ofrecerte una bebida?	**Can I offer you a drink?**
¿Te dolió cuando te caíste del cielo?	**Did it hurt when you fell from the sky?**
¿Ya nos conocemos?	**Have we already met?**

Cuando Dios inventó la belleza se inspiró en ti	When God invented beauty, he was inspired by you
Tienes una sonrisa muy bonita	You have a very beautiful smile
Hola, hermoso	Hello, beautiful
Si ser sexy fuese un delito, te pasarías la vida en la cárcel	If being sexy were a crime, you'd spend your life in jail

TIEMPO DE ENTRENAMIENTO

¿Tienes novia?	Do you have a girlfriend?
Estoy enamorado de ti	I am in love with you
¿Quieres ser mi novia?	Do you want to be my girlfriend?
Te pareces a mi siguiente novia	You look like my next girlfriend
No necesito leer tus términos y condiciones para aceptarte!	I do not need to read your terms of service to accept you

MODO HISTORIA

ENGLISH

Mauricio: "I like how you wear that dress. Are you a model?"

Lola: "Unfortunately, no, but I can be a model if you want."

Mauricio: "Wow, you're direct, I think I already like you".

Lola: "Thanks, I think I like you too".

Mauricio: "That's great, so I can buy you a drink?

Lola: "Sure, go ahead."

* Two glasses of tequila are ordered *

Mauricio: "What's your name?"

Lola: "Lola."

Mauricio: "Nice to meet you Lolita, do you come here often?"

Lola: "Not really, and I prefer Lola, but it's okay, I suppose."

Mauricio: "Forgive my mistake, maybe I was confused by your beautiful smile, would you like to dance with me?

Lola: "I would, but I'm not really a great dancer, and hip hop is not really my type of music, I like salsa."

Mauricio: "That's not a problem, I can not dance either, but if you're willing to go out with me next Saturday, we can attend a Luis Fonsi concert together, I have two tickets."

Lola: "You're a charming man, and I appreciate the offer, but I have a boyfriend who would not be happy with that."

Mauricio: "I also have a girlfriend, and she would not like that either, but I will not say anything either."

Lola: "Do you promise?"

Mauricio: "With all the space in my heart".

Lola: "And you're not going to ask for my number, or be a crazy stalker later?"

Mauricio: "I'm too charming for that."

Lola: "Well, in that case, are we going to your house or to mine because I was starting to get bored here?"

ESPAÑA

Mauricio: "Me gusta cómo te pones ese vestido. ¿Eres modelo?"

Lola: "Desafortunadamente, no, pero puedo ser un modelo si quieres."

Mauricio: "Guau, eres directo, creo que ya me gustas."

Lola: "Gracias, creo que también me gustas."

Mauricio: "Eso es genial, ¿así que te puedo comprar una bebida?"

Lola: "Claro, adelante."

* Se ordenan dos vasos de tequila *

Mauricio: "¿Cómo te llamas?"

Lola: "Lola."

Mauricio: "Encantado de conocerte, Lolita, ¿vienes aquí a menudo?"

Lola: "No realmente, y yo prefiero a Lola, pero está bien, supongo."

Mauricio: "Perdona mi error, tal vez estaba confundido por tu hermosa sonrisa, ¿te gustaría bailar conmigo?"

Lola: "Lo haría, pero no soy realmente una gran bailarina, y el hip hop no es realmente mi tipo de música, me gusta la salsa."

Mauricio: "Eso no es un problema, tampoco puedo bailar, pero si estás dispuesto a salir conmigo el próximo sábado, podemos asistir a un concierto de Luis Fonsi juntos, tengo dos boletos."

Lola: "Eres un hombre encantador, y aprecio la oferta, pero tengo un novio que no estaría contento con eso."

Mauricio: "También tengo novia, y a ella tampoco le gustaría eso, pero tampoco diré nada."

Lola: "¿Lo prometes?"

Mauricio: "Con todo el espacio en mi corazón."

Lola: "¿Y no vas a pedir mi número, o ser un loco acosador más tarde?"

Mauricio: "Soy demasiado encantador para eso."

Lola: "Bueno, en ese caso, ¿vamos a tu casa o a la mía porque estaba empezando a aburrirme aquí?"

FIN DEL LIBRO UNO

Para la experiencia completa, por favor obtenga los otros libros de la serie.

#LAMANERASIMPLEDEAPRENDERINGLÉS

Para actualizaciones sobre el próximo libro, o si simplemente desea hablar sobre este, estamos disponibles en twitter como @ BadCreativ3, y en Facebook
www.facebook.com/BadCreativ3

OTROS LIBROS BADCREATIVE

The Simplest Way To Learn French

Capitalist Modernization: The First World's Development Paradigm

Modernization, Dependency & The Third World's Underdevelopment